AUS LIEBE ZUM LANDLEBEN

Die Verführküche der Kräuter

Danksagung
Ich danke an erster Stelle meinen Eltern, die mich stets tatkräftig und bedingungslos unterstützt haben, und meinem Liebsten Frank, in dessen liebender Nähe ich inspiriert schreiben kann. Ein großer Dank gebührt speziell meiner Mutter Ré Werner, mit der viele Rezepte in diesem Buch in den letzten Jahren für unser kleines Bauwagen-Kräutercafé entstanden sind. Durch die Anregung meiner Freunde Esther, Kerstin und Udo ist erst der Naturkräutergarten und dann auch dieses Buch über kulinarische Kräuter entstanden. Dank gilt natürlich auch dem Dort-Hagenhausen-Verlagsteam und den Köchinnen und Köchen, meinen treuen Kräuterkunden, für ihre Rezeptbeiträge in diesem Buch. Last not least danke ich Charlotte für ihre wunderbaren Heilkräuterbeiträge!
Maiga Werner

Für Ré, Richard und Frank

AUS LIEBE ZUM LANDLEBEN

Die Verführküche der Kräuter

... kulinarisch, heilkräftig und gärtnerisch
durch das Jahr

von
Maiga Werner und Charlotte Berlandi

Dort-Hagenhausen-Verlag

Inhalt

Vorwort

Ich werde immer wieder gefragt, wie ich auf die Kräuter gekommen bin, und jedes Mal überrascht es mich, nicht antworten zu können. Es gähnt eine Leere an Worten in mir, die diese überwältigende Fülle nicht zu beschreiben vermag. Genau dieser Erstaunlichkeit versuche ich mit vagen Erklärungen gerecht zu werden – aber Staunen ist letztlich unerklärlich und so plädiere ich für aufmerksames eigenes Wahrnehmen.

Aus Überlieferungen der Antike, von den Kelten und Germanen und aus dem Mittelalter wissen wir viel über Kräuter und vor allem auch über den täglichen kulinarischen Gebrauch. Ich habe durch meine Recherchen den Eindruck gewonnen, dass Kräuter früher in viel größeren Mengen verzehrt worden sind und somit natürlicherweise auch ihre Heilwirkungen einverleibt worden sind.

Und genau darum geht es in diesem kulinarischen Kräuter-Kochbuch. Zum üppigen Gebrauch der grünen Kraft Mut zu machen, denn auch wenn Kräuter faszinieren, beliebt sind und geradezu magisch anziehen, gebrauchen wir sie nicht selbstverständlich, täglich und schon gar nicht in großen Mengen.

Durch die Besucher unseres Kräutergartens und die Seminarteilnehmer gewinne ich den Eindruck, dass sich fast jeder heutzutage selbstverantwortlich mit seinem Körper auseinandersetzt und nach natürlichen Ideen für die eigene Fitness sucht.

Ich selbst habe auch das Vegetarische, das Vegane, das Basische oder die Trennkost ausprobiert und als Gärtnerin und leidenschaftliche Läuferin musste ich mir überlegen, was meinen Körper leistungsfähiger macht und wie ich ohne Erkältung über den Winter komme.

Meine bisherigen Erkenntnisse und Erfahrungen führen mich zu einer individuellen Haltung. Gesundheit und Fitness ist ein sehr individueller, persönlicher Prozess und kein statischer Zustand. Es bedarf immer wieder der Aufmerksamkeit, der Verhaltensänderung und es spielen alle Lebensfaktoren eine Rolle in diesem Spiel.

So auch ein kooperativer Umgang mit Schnecken, Würmern und gefräßigen Minzkäfern in unserem Garten.

Was mich dazu führt, dass ich sehr gerne Fleisch und noch viel lieber alles, was aus dem Wasser kommt, esse. Wie aber geht man heute damit um? Welches Fleisch oder welchen Fisch kann man bedenkenlos essen? Bedenkenlos nichts. Weder Obst, noch Gemüse oder Sojaprodukte und erst recht keine Tiere.

Ist es besser, wild zu fangen oder lieber zu züchten, und woher kommt die Alternative Soja? Am liebsten würde ich völlig auf Fleisch und Käse verzichten, aber ich beschränke meinen Fleisch- und Käsekonsum auf das, was in der Region angeboten wird und von dem ich weiß, wie die Tiere gehalten werden.

Es werden also trotzdem einige Rezepte mit Fleisch und Fisch vorgestellt, aber ich werde auch auf die Vorzüge von vegan, vegetarisch oder der Trennkost hinweisen.

Und nun heißt es, üppig Kräuter ernten – man nehme nur eine kleine Schnittlauchstaude und siehe, wie oft im Jahr man sie beernten kann! Ich sage nur: nachwachsende Vitalität!

Ihre Maiga Werner

Von **November** bis

Februar im Kräuterjahr

„Wir erwärmen uns für Winterkräuter"

Barbara-
kraut

Echte Winterfreuden

- Barbarakraut
- Brunnenkresse
- Feldsalat
- Felsenblümchen
- Kerbel
- Löffelkraut
- Nadelkerbel
- Postelein

Aber auch sie wachsen langsam weiter

- Gänseblümchen
- Hirschhornwegerich
- Petersilie
- Pimpinelle
- Sauerampfer
- Vogelmiere

Winter? Kräuter? — aber ja doch!

In einem kalten, verschneiten Winter etwas über Kräuter zu schreiben, scheint vielleicht ein bisschen paradox, denn draußen kann man zur Zeit weder ernten, noch säen oder jäten, obwohl der Garten und der Folientunnel voller feiner Winterkräuter sind.

Aber eigentlich wachsen manche Kräuter sogar weiter! Die Zwiebelartigen haben sich teilweise zurückgezogen, die Minzen schlafen und von Duftnesseln und Monarde stehen nur noch kahle Äste.

Auch ich sehne mich ab November, wenn das Kräuterjahr zur Neige geht, in eine warme kuschelige Schlafhöhle. Augen schließen, Muskeln entspannen, die Herzfrequenz senken und unter einer sanften weißen Schneedecke einfach nur noch schlafen. Doch schon im Januar erwartet alles in mir wieder ungeduldig Licht und Leben. Spätestens zu Lichtmess steigt die Herzfrequenz, um sich endlich wieder mit kribbeligen Gärtnerfingern den Saatschalen widmen zu können.

Wenn es dann wieder ein wenig wärmer wird oder wenigstens nicht friert, kann ich bereits viele Kräuter im Gewächshaus ernten und auch draußen gedeihen diese Kräuter, sind aber eventuell durch Schnee und Frost, trotz ihrer Winterhärte, zerdrückt oder sonst wie in Mitleidenschaft gezogen. Wer also ein kleines Gewächshaus oder Frühbeet hat, dem empfehle ich,

rechtzeitig die nun folgenden Kräuter zu säen oder zu pflanzen, um auch wirklich mitten im Winter Freude daran zu haben.

Auf der Fensterbank, dem Balkon oder der Terrasse außen, in einem Blumenkasten oder in Töpfen voll Gartenerde, Kompost oder Ökoerde, lassen sich die Kräuter natürlich auch ziehen. Wer schon Kräuter wie Salbei, Rosmarin, Lavendel, Ysop oder Ähnliches zieht, ob nun im Garten, auf dem Balkon oder der Fensterbank, kann zwischen diesen Kräutern ruhig die vorgestellten Wintergrünen pflanzen oder säen. Sie bilden nicht nur Wintervitamine für uns Menschen, sondern schützen Boden und Pflanzen und begrünen unser Auge im Winter!

Kräuterporträts von November bis Februar

Barbarakraut oder echte Winterkresse — robuste Winterfreude

(Barbarea vulgaris) Brassicaceae

Das Barbarakraut, auch echte Winterkresse genannt, ist ein Kreuzblütler, der rein analytisch betrachtet sehr vitaminreich sein soll. Allerdings wächst es besonders gerne an Ackerrändern und bevor man es dort pflückt, sollte man es lieber im Garten anbauen, sich also etwa im Juli die Samen abnehmen, um es im eigenen Garten zu säen.

Vor ein paar Jahren fand ich in einem englischen Gartencenter eine weißbunte Variante, die meine Restaurantkunden besonders schätzen, die vor allem Salate verschärft und ziert und natürlich im Beet sehr dekorativ aussieht. Bei gutem Gartenboden und mildem Winter kann es bis zu 30 cm lange gefiederte Blätter entwickeln. Sobald ein Frost über die Blätter gestreift ist, schmeckt das Barbarakraut kresseartig, auch ein wenig retticartig, während es im Sommer eher bitter schmeckt. Anders gesagt, je trockener es ist, desto bitterer schmeckt es.

Wenn man die Blüten immer wieder ausgeizt, wächst es einfach weiter, macht munter Blattmasse über seinen zweijährigen Zyklus hinaus, ähnlich wie man das bei der Petersilie erzielen kann. Normalerweise aber würde es im zweiten Sommer blühen und ein bisschen wie Senf oder Raps aussehen, eben wie ein echter Kreuzblütler, und seine Samen fein im Garten verteilen.

Im Gewächshaus gezogen wird es etwas üppiger und regelmäßig gegossen schmeckt es auch etwas feiner. So jedenfalls meine Erfahrung.

Auf dem Markt, in regionalen Läden, Bioläden oder gut sortierten Supermärkten findet man auch im Winter einige frische, heimisch angebaute Kräuter, wie Brunnenkresse, Sauerampfer, Postelein und Kerbel. Denn nicht nur mit Feldsalat werden die winterleeren Gemüsegewächshäuser mittlerweile gefüllt.

Brunnenkresse — die heimische Edelscharfe

(Nasturtium officinale) Brassicaceae

Die aus Europa stammende Pflanze findet sich in klaren fließenden Gewässern und war auch bei unseren Vorfahren, den Römern und Griechen beliebt. Erst seit einigen Jahrhunderten wird sie in Gräben mit flie-

ßendem Wasser angebaut. Sowohl über Sommer als auch in milden Wintern wächst die Brunnenkresse, deren Blätter und Blüten für Suppen, Salate, Pestos, Brotaufstrich und als Würze in Quark und Käse verwendet werden.

Ich baue die Brunnenkresse winters wie sommers sowohl im Garten als auch im Gewächshaus an, wo sie aber auf Grund des Wassermangels nicht so lange überlebt wie an einem klaren fließenden Bach. Aber es lassen sich immer wieder Ableger weiterkultivieren, die rasch neue Ausläufer bilden und über die Selbstaussaat gibt es auch immer wieder junge frische Pflänzchen.

Die Brunnenkresse gehört zu den klassischen Zutaten der Frankfurter Grünen Soße, ist nicht gefährdet, eigentlich in ganz Deutschland zu finden und wer irgendwo einen klaren Bach kennt, der hat vielleicht Glück und kann dort frische Brunnenkresse ernten.

Feldsalat – Nussig warme Winterkraft

(Valerianella locusta) Valerianaceae

Dieses kleine, wohl jedem bekannte Baldriangewächs gedeiht wunderbar in unserem wintermilden Klima, in nährstoffreichen, sandigen oder lehmigen Böden. Wer es draußen, unter Folie oder im Gewächshaus von August an zieht, hat den ganzen Winter Freude daran. Im Handel werden verschiedene Sorten als ganze Rosetten oder als Blattwaren angeboten. Etwa ab April schießt der Feldsalat und geht in Blüte, die man aber auch essen oder als Dekoration verwenden kann. In unserer Gegend nennt man die wilde Form, mit länglichen Blättchen und üppig gefüllten Rosetten, auch Wingertsalat und tatsächlich findet man sie sowohl im Weinberg als auch in alten Bauerngärten.

In der Eigenheit seines milden aber würzigen Geschmackes findet der Gaumen ein weiches nussiges Aroma, was sich wunderbar vielseitig kombinieren lässt. Ich empfinde beim Essen des Feldsalates schon über den Gaumen eine Wärme, die sich im ganzen Körper ausbreitet und manchmal nasche ich den Feldsalat einfach pur, wenn ich die Reihen von zu viel Vogelmiere oder Sauerampfer befreie, wobei auch letztere dabei von mir verzehrt werden.

Barbarakraut – die wechselvolle Karriere einer Kulturpflanze

Die Echte Winterkresse gehört zu den Pflanzen, die ursprünglich im Garten als Gemüsepflanze kultiviert wurden. Später wurde sie jedoch aus den umzäunten Bereichen auf die Wegränder und Schutthalden verdrängt. Dort galt Barbarakraut lange Zeit als Unkraut. Doch nun erklimmt die Pflanze wieder die Karriereleiter, in dem Maße, wie die Wildkräuter wieder für die gehobene Küche entdeckt werden. Eine überlieferte naturheilkundliche Nutzung findet sich nicht. Wahrscheinlich kam diese Pflanze erst im 17. Jahrhundert zu uns und galt als reine Nahrungspflanze. Die manchmal behauptete Wirkung als Blutreinigungsmittel beruht wohl eher auf einer milden Stoffwechselaktivierung durch das reichlich enthaltene Vitamin C.

Löffelkraut, Kerbel, Felsenblümchen, Postelein (im Uhrzeigersinn)

Seit vielen Jahren lasse ich an verschiedenen Stellen einige ausgesuchte Feldsalatpflanzen blühen, um ihre Samen spätestens im August wieder aussäen zu können. Ich mag dabei besonders gerne die kleinbleibenden bzw. kurzblättrigen dunkelgrünen Sorten und denke, dass sich im Laufe der Jahre eine eigene Sorte gebildet hat, die auch relativ mehltauresistent ist.

Mauer-Felsenblümchen – eine unbekannte Delikatesse

(Draba muralis) Cruciferae

Das Felsenblümchen (Draba muralis), auch Mauer-Felsenblümchen oder Mauer-Hungerblümchen, wächst, ähnlich wie Feldsalat, in kleinen Rosetten und ist ein einjähriges heimisches Wildkraut. Es keimt im Hoch- oder Spätsommer, um dann im Frühling zu blühen. Das heißt, dass wir die zarten Blattrosetten im Winter ernten können.

Eigentlich lebt es, seinem Namen entsprechend, auf felsigen Böden oder in Mauerritzen und bleibt recht klein. Doch auf unseren lehmigen Hunsrück-Böden, an die es sich anschmiegt, oder gar auf Kompost und noch besser im Gewächshaus gedeihen seine Rosetten zu einer Größe, die man ganz gut ernten kann.

In meinem ersten Versuchsjahr hatte ich nur einige große Exemplare, die ich mich nicht richtig zu ernten traute und folglich blühten sie eines Tages munter vor sich hin und säten sich selbst auch wieder aus. Nur einige Samen nahm ich vorsichtshalber ab, um eine Kultur im Gewächshaus zu versuchen. Im Winterhalbjahr war dann der halbe Garten voller dicht wachsender kleiner Felsenblümchen, die kaum größer als ein Daumennagel wurden und schwer zu ernten, geschweige denn zu reinigen waren. Doch im Gewächshaus wuchsen sie zu Feldsalatgröße und lohnten die Mühe, sie zu ernten und zu waschen!

Ein Nebeneffekt der Winterkräuter ist natürlich, dass der Boden im Winter bedeckt ist und sich Hahnenfuß und andere Gesellen nicht so breitmachen können bzw. die Gartenerde nicht erodiert oder austrocknet. Das Felsenblümchen sucht sich dabei die Lücken und füllt sie herrlich aus und bedrängt auch in der Blüte die anderen Pflanzen nicht. Es lässt sich

Ich mache es mir sehr einfach und lasse einige prächtige Pflanzen an geeigneten Stellen stehen, damit sie Blühen und sich selbst aussäen oder von Wind und fleißigen Gartentieren verteilt werden. So entscheiden sie selbst, oder die Wetter und Lichtbedingungen wann gekeimt werden kann.

sehr leicht jäten und anschließend essen, denn auch das blühende Kraut schmeckt hervorragend und ziert mit seinen zarten weißen Blütchen an ca. 10 bis 20 cm langen Stielchen die Frühlingssalat-Teller.

Denn diesen Geschmack, der diverse andere Wildkräutergerichte, vornehmlich frische Salate, in eigentümlicher Weise unterstützt, begleitet oder abrundet, möchte ich nicht mehr missen. Bei Versuchen, Wildkräuterpestos mit und ohne Felsenblümchen zu fabrizieren, habe ich festgestellt, dass es alles verbindet und harmonisiert. Jedenfalls empfindet mein Gaumen das so.

Da es nicht nur essbar, sondern auch äußerst schmackhaft ist, bereichert es den winterlichen Speiseplan. Es hat sehr zarte, aber raue Blätter, wie zarter Borretsch, und schmeckt wiederum sehr fein-intensiv nach einer Mischung aus Waldmeister und Kresse und ist dabei süß und scharf zugleich. Eine Schärfe, die zwar deutlich ist, aber dennoch zurückhaltend, als würde sie die übrigen Aromen des Krautes selbst ergänzen und unterstützen.

Gartenkerbel – feinster Aromaspender

(Anthriscus cerefolium) Apiaceae

Ich empfinde das spezielle zarte, aber auffällige Aroma des feinen Gartenkerbels als eine Mischung aus einem Hauch Anis, Waldmeister, Estragon und etwas Blumigem. Dieser herrliche Geschmack findet sich in der Sauce Béarnaise und der Frankfurter Grünen Soße wieder. So wird er auch reichlich in Deutschland angebaut und es lohnt sich, ihn selbst sommers wie winters draußen oder im Gewächshaus zu ziehen.

Von selbst keimt er vor allem Mitte des Jahres, um dann über Winter seine feinen fiedrigen Blätter auszubreiten. Üppige Blattmasse macht er in warmen feuchten Frühjahren, in denen er bis zu 100 cm groß werden kann. Wenn man seine Blütentriebe wie bei der Petersilie entfernt, treibt er immer weitere Blätter. Nur wenn es zu trocken wird, will er doch irgendwann blühen und stirbt dann nach der Reife der Samen ab. In feuchteren Jahren säe ich ihn jeden Monat neu, um immer ganz frische Pflanzen zu haben. Doch das klappt nur bedingt. Und so beginnt im Sommer ein neuer Zyklus, dem wir im Winter feines Kerbellaub verdanken. Wenn zur

Brunnenkresse – die Frische macht's

Die Brunnenkresse verdankt ihren guten Ruf als Blutreiniger den Zeiten, als ein kleiner Kräutergarten ganz selbstverständlich zu jedem Haushalt gehörte. Sie ist nämlich eines der Kräuter, die unbedingt frisch verzehrt werden müssen, um in den Genuss ihrer wertvollen Inhaltsstoffe wie Vitamin C, Senföle oder Bitterstoffe zu gelangen. Dioskurides, der große griechische Pharmakologe und Militärarzt aus dem ersten Jahrhundert unserer Zeitrechnung, empfahl Auflagen aus Brunnenkresse, um Leberflecken loszuwerden. Auch die griechisch-römische Damenwelt legte offensichtlich Wert auf makellose Haut!

Zeit mittags durch die Sonne um die 10 Grad im Folientunnel herrschen, kann ich Kerbel, Feldsalat, Petersilie, Postelein, Rucola, Spitzwegerich, Hirschhornwegerich, Felsenblümchen, Barbarakraut, Brunnenkresse und Löffelkraut pflücken. Doch so langsam wird es Zeit, dass es wieder richtig taut, denn die Pflanzen brauchen Wasser. Der Boden ist mittlerweile ziemlich trocken geworden. Durch die oberirdischen Blätter wird Wasser verdunstet und die gefrorenen Wurzeln können kein Wasser nach oben leiten. Deshalb sollte man im Winter die Pflanzen nicht so sehr vor der Kälte sondern eher vor dem Vertrocknen schützen.

Löffelkraut – scharfe Winter-Vitaminbombe

(Cochlearia officinalis) Brassicaceae

Wie der Hirschhornwegerich ist auch das Löffelkraut auf den norddeutschen Salzwiesen nahe dem Meer beheimatet. Es heißt auch Bitterkresse, Skorbutkraut, Löffelblättchen oder Löffelkresse und ist ein vergessenes einjähriges Küchenkraut und wie der Name Skorbutkraut schon sagt, ist es voll von Vitamin C und somit ein wunderbares Kraut für den Winter. Früher wurde das Kraut in Salz eingelegt und auf Schiffsreisen wie Sauerkraut als Vitaminbombe mitgeführt.

Pur genossen mag es ein bisschen bitter sein und kressescharf obendrein, aber in Mischungen, im Wildkräutersalat etwa, peppt es geschmacklich durchaus einen einfachen Salat auf oder lässt sich fein gewogen besonders gut über ein Kartoffelsüppchen streuen.

Das Löffelkraut keimt ebenfalls im Spätsommer und blüht im Frühling an langen weißen Stielen, und auch hier sind die Blüten wieder verwendbar und riechen und schmecken herrlich nach Honig! Es ist bei uns leicht über Winter zu ziehen, sowohl draußen als auch im Gewächshaus. Es vermehrt sich sehr gut und braucht auch gut Platz, denn eine einzelne Pflanze kann etwa so groß werden wie eine Lavendelstaude. Je nachdem wie nährstoffreich der Boden ist, gedeiht das Löffelkraut prächtig, und ab und an gebe ich meinen Meerespflanzen eine Prise Meersalz! So wie es aussieht, finden sie das toll. Dazu gehören wie schon oben erwähnt der Hirschhornwegerich und auch eine Pflanze, die ich im Laufe des Jahres vorstellen werde: die Gelbdolde, ebenfalls eine vergessene Gemüse- und Heilpflanze.

Löffelkraut – für Seefahrer und Schwachbrüstige

Ein großes Problem in der frühen Seefahrt war die Versorgung mit frischen Lebensmitteln während der oft wochenlangen Reisen. So gehörte der Skorbut – die Vitamin-C-Mangelkrankheit – zu den Matrosen wie die Ratten und der Rum. Da Not auch erfinderisch macht, hatte man recht früh entdeckt, dass das Echte Löffelkraut diesem Missstand Abhilfe schaffen konnte. Es galt als Heilmittel gegen den Scharbock, wie die Krankheit im Volksmund genannt wurde. Außerdem konnte es sauer eingelegt und so gut bevorratet werden. Auf diese Weise verbreiteten die Seefahrer dieses wertvolle Kraut auf der ganzen Welt. Auch den Landratten war es bekannt, besonders in den nördlichen Ländern, wo frisches Obst nur kurze Zeit im Jahr verfügbar war und dessen Vitamin-C-Gehalt durch Haltbarmachung vermindert wurde. Hier galt es als Stärkungsmittel für schwächelnde Menschen.

Gänseblümchen – klein, aber oho!

Das Gänseblümchen zählte im Mittelalter zu den hoch gelobten Wundkräutern – heute kennt man es fast nur noch von den Blütenkränzen, die Kinder mit so viel Hingabe flechten. Als beliebtes Kindermittel hat es auch seinen Platz behauptet und findet sich noch in vielerlei Teerezepten zur äußerlichen Anwendung bei Milchschorf und Hautunreinheiten, sowie in Erkältungstees für Kinder. Doch auch bei Muskelzerrungen oder stumpfen Verletzungen entfaltet dieses kleine Blümchen in Form von Salben oder Tinkturen sein wohltuendes Potenzial.

Postelein – zartrobuste Winterfreude

(Claytonia perfoliata oder Montia perfoliata) Montiaceae

Postelein ist eine einjährige wintergrüne Pflanze, die auch Winterportulak, Tellerkraut oder Kubaspinat genannt wird und aus dem Westen Nordamerikas kommt. Das im Gaumen zartschmelzende Postelein lässt sich leicht bei uns über Winter ziehen und gedeiht natürlich erst recht wunderbar in einem Gewächshaus oder unter Folie. Ob seiner vielen gesunden Inhaltsstoffe und seines üppigen Wuchses gereicht es uns als hervorragender Winterbegleiter. Als zuverlässiger Gartenbegleiter vermehrt es sich rasch ganz von selbst, lässt sich aber auch ganz leicht gezielt anbauen. Ich pikiere die Sämlinge, die im Herbst von selbst erscheinen, je nachdem wie ich sie brauche, in Töpfe oder Kästen und pflanze sie gezielt im Gewächshaus oder lasse sie als Bodendecker an Ort und Stelle von selbst gedeihen.

Winterportulak ist sehr zart, fleischig und erinnert roh genossen an Feldsalat. In Öl zu Pesto verarbeitet oder kurz in Butter gedünstet wie Spinat oder als Cremesüppchen zubereitet vergrünt uns das Postelein so manche trübe Winterstunde.

Das Kraut ist so frisch und knackig, dass man sich über die Frische im Winter eigentlich wundert. Hat man es einmal im Garten, kann man auch wirklich üppig damit umgehen und braucht im Winter nicht auf frische grüne Zutaten aus dem eigenen Garten, Balkon oder Terrasse zu verzichten. Aber mittlerweile kann man in einigen Bioläden oder in einigen gut sortierten Supermärkten Postelein, neben Feldsalat und Rucola, ebenfalls erhalten.

Ich finde diese Pflanze überdies sehr hübsch mit ihren üppig gefüllten Rosetten und die kleinen Blütchen in kelchartigen Blättern mit den herz- oder schildförmigen Blättchen sind einfach eine entzückende Garnitur!

Eine mehrjährige Variante ist der Sibirische Portulak (*Claytonia sibirica* oder *Montia sibirica*), der sich ebenso üppig selbst aussät und sich als hervorragender Bodendecker auch unter schattigen Bäumen auszeichnet.

Vogelmiere – Immergrün Geduldige
(Stellaria media) Caryophyllaceae

Die Vogelmiere ist ein feines Kraut, das im Winter lustig weiter wächst und zu den Nelkengewächsen gehört. Die einjährige oder auch zweijährige Vogelmiere ist wohl allen Gärtnern und Landwirten als Beikraut bekannt. Kaum ist der Garten oder der Ackerboden unbedeckt versucht die Vogelmiere sich schützend über ihm auszubreiten. Sternförmig sind nicht nur ihre kleinen weißen Blütchen, sondern auch ihr Wuchs nach allen Seiten mit langen zarten Ausläufern, die, flach den Boden entlang kriechend, Wurzeln schlagen können. So wandert die Vogelmiere seit der Erfindung des Ackerbaus dem Menschen hinterher, ihm unermüdlich ihre Dienste als Bodendecker anbietend.

Sie fühlt sich durchaus verantwortlich, uns mit ihren reichhaltigen Inhaltsstoffen zu versorgen, und lobt unseren Gaumen mit frischem Erbsenschoten- oder Maiskölbchenaroma. Wenn die Vogelmiere neben dem Effekt des Bodenschutzes vor Austrocknung und Erosion ein Problem für den Ackerbau darstellt, sollte man eher die Monokultur als solches überdenken und üppiges Auftreten der „Unkräuter" als Hinweis betrachten, sich einer ganzheitlichen und, wie man heute so schön sagt, einer Nachhaltigkeit des Bodenbearbeitens widmen.

Aber zurück zu den Vorzüglichkeiten dieses unermüdlichen Gartensternchens. Als Salat frisch gepflückt, als pures Vogelmiere-Pesto verarbeitet oder frisch, klein gehackt über Suppen gestreut bereichert sie erheblich unseren Speiseplan. Um besonders üppige Pflanzen zu ernten, kann man auch ein Plätzchen im Garten nahe dem Kompost im Halbschatten relativ feucht halten. Denn es macht schon Mühe, die kleinen dünnen Pflänzchen zu ernten und zu waschen, die ja überall im Garten aufgehen, egal ob trocken, feucht, üppig oder karg. Für meinen Geschmack darf die Vogelmiere in einem Wildkräutersalat nicht fehlen, aber auch jeder andere grüne Salat erhält eine süßlich, nussige und erbsenschotige Note!

Vogelmiere – an ihr scheiden sich die Geister

Die Vogelmiere treibt so manchen Gärtner zur Verzweiflung mit ihrem Drang zur Ausbreitung. Dabei schützt sie den Boden als lebende Mulchdecke und trägt mehr zur Bodenverbesserung bei als der ansonsten übliche Rindenmulch. Sie blüht von März bis Oktober und ist mit ihren vielen Samen, die sie dabei bildet, eine ergiebige Futterquelle für Vögel. Als wertvolles Wildgemüse wurde sie nicht nur in der Küche geschätzt, sondern auch in der Heilkunde vielfältig angewendet. Sie gilt als allgemein blutreinigend bei Rheuma und Hauterkrankungen sowie als schleimlösendes Hustenmittel.

Kräuterküche
von November bis Februar

Wenn im Herbst die Wurzelgemüse wie Möhren, Pastinaken, Sellerie oder Rote Bete angeboten werden, dann passen einige Winterkräuter wunderbar dazu. Ich freue mich immer schon darauf, rohe Rote Bete in hauchzarte Scheiben zu schneiden, ebenso zarte Ingwerscheiben dazuzugeben, mit Balsamico, Olivenöl, Salz und Pfeffer zu marinieren und am nächsten Tag mit viel frischer Vogelmiere zu genießen. Manchmal mache ich mir davon einen großen Vorrat, den ich auch kurz in der Pfanne schwenke und als warme Gemüsebeilage serviere. Natürlich nicht ohne Vogelmiere! Zu Kürbissen schmecken hervorragend Brunnenkresse oder als Norddeutscher bekommt man vielleicht auch Löffelkraut. Und wer einmal im Garten Barbarakraut hat, wird es immer ernten können.

Ich kann jedem nur empfehlen, sich einmal mit dem Felsenblümchen zu beschäftigen. Es gedeiht auch in flachen Saatschalen draußen oder in einem kühlen hellen Zimmer, auf dem Balkon in Blumenkästen zwischen anderen Gewächsen und natürlich im Frühbeet oder im Gewächshaus. Bis Dezember kann man es immer wieder nachsäen und die größten Blätter bis in den April ernten und schließlich lassen sich auch die Blüten essen und als Tellerdeko verwenden. Das Felsenblümchen ist eine echte Bereicherung für jeden Wintersalat, Pestos oder sonstige Frischkräuterzubereitungen.

Vorspeisen mit Brunnenkresse und Vogelmiere

Brunnenkressesüppchen Nr. 1

1 ½ l Wasser
1 Stange Lauch, 1 Möhre
3 Stängel Liebstöckel, Lorbeerblatt
Salz, Pfeffer
1 Zwiebel, Öl
2 EL Dinkelmehl
1 EL Gemüsebrühepulver
4 Handvoll Brunnenkresse
Muskatnuss
Brunnenkresse zum Dekorieren

In 1 ½ l Wasser Lauch, Möhren, Liebstöckel, Lorbeer, Salz und Pfeffer kochen und pürieren. Die Zwiebel klein schneiden und in Öl glasig dünsten. Das Mehl einrühren und mit dem pürierten Gemüse aufgießen. Mit Gemüsebrühepulver abschmecken und aufkochen. Die Brunnenkresse einstreuen. Vom Herd nehmen, mit dem Pürierstab zerkleinern und nachwürzen. In Tassen oder Teller füllen, mit einem Tupfer Sahne versehen und mit einer Brunnenkresseblüte oder einem Blatt garnieren.
Variante: Statt Dinkelmehl kann man auch 1–2 Kartoffeln mitkochen.

... Süppchen Nr. 2 von Stefan Krebs

40 g feine Zwiebelwürfel
40 g Butter
300 g geputzte Brunnenkresse
20 g Mehl
1 ½ l Brühe
Meersalz, Muskatnuss, Pfeffer
60 ml angeschlagene Sahne

Die Zwiebelwürfel in der Butter anschwitzen, Brunnenkresse dazugeben und kurz mitschwitzen. Mit dem Mehl bestäuben, mit der Brühe ablöschen und 20 Minuten köcheln lassen.
Mit einem Pürierstab pürieren und mit Meersalz, Muskatnuss und Pfeffer abschmecken. Kurz vor dem Servieren die Sahne unterheben.

... und Rote-Bete-Vogelmiere-Salat

4 kleine Rote Bete
1 EL Ahornsirup
2 EL dunkler Balsamico
1 EL Öl, Salz, Pfeffer,
1 rote Zwiebel
1 Handvoll Vogelmiere

Rote Bete waschen, schälen und raspeln.
Aus Ahornsirup, Balsamico, Öl, Salz und Pfeffer eine Sauce rühren. Die Zwiebel klein schneiden und darübergeben. Mit der Roten Bete vermischen und zuletzt die gewaschene und verlesene Vogelmiere einstreuen.

Kross gebratene Kalbsleber ...

... mit glasierten Quitten, Felsenblümchen-Spinat und Zwiebelmarmelade von Emre Demiryüleyen

für die Zwiebelmarmelade
5 mittelgroße Zwiebeln
1 EL Honig, 1 EL Zucker
80 ml dunkler Balsamico
500 ml Rotwein
1 TL Koriandersaat

für den Spinat
½ Bund glatte Petersilie
350–400 g Felsenblümchen
1–2 Knoblauchzehen, ½ EL Zucker
Saft und Abrieb von 1 Orange
1 EL türkischen Joghurt (10 % Fett)
½ TL Schwarzkümmel
½ TL gemahlener Koriander

für die Quitten
ca. 320 g orientalisch eingelegte
    Quitten
ca. 3–4 EL Quitten-Sud
1 EL Butterflocken

für die Leber
600 g vom Metzger vorbereitete
    Kalbsleber in Scheiben
2 EL Mehl
1–2 Stängel Ysop
Salz, Pfeffer
Butter und Butterschmalz zum
    Braten

Vier der Zwiebeln fein würfeln. Butter schmelzen lassen und darin den Honig und den Zucker leicht karamellisieren lassen. Die Zwiebeln zufügen, mit dem Balsamico ablöschen und mit dem Rotwein auffüllen. Die Koriandersaat im Mörser zerstoßen, dazugeben und alles sanft köcheln lassen, bis die Zwiebeln weich sind und alles eine cremige Konsistenz erhält. Eventuell noch etwas Rotwein oder Brühe nachgießen. Mit Salz, Pfeffer und Zucker abschmecken.

Für den Spinat die Petersilie und die Felsenblümchen kurz in kochendem Wasser blanchieren und danach in Eiswasser abschrecken. Behutsam ausdrücken und auf einem Küchenkrepp abtropfen lassen.

Die letzte Zwiebel fein würfeln und in etwas Butter andünsten, fein gewürfelten Knoblauch zugeben. Mit dem Zucker bestäuben und kurz hell karamellisieren lassen. Mit dem Orangensaft ablöschen. Nun die Petersilie und die Felsenblümchen dazugeben. Zum Schluss Joghurt, Orangenschale, Schwarzkümmel und gemahlenen Koriander zufügen und mit Salz, Pfeffer und Zucker abschmecken.

Die eingemachten Quitten im Sud erhitzen und zum Schluss kalte Butterflocken zugeben, vorsichtig schwenken und einrühren, sodass eine leichte Bindung entsteht.

Die Leber in Mehl wenden, überschüssiges Mehl abklopfen und in Butterschmalz kross anbraten, auf einem Küchenkrepp abtropfen lassen. Die Leber darf/sollte in der Mitte noch leicht rosa sein.

Das Fett in der Pfanne wegschütten und zwei bis drei Butterflocken in der noch heißen Pfanne aufschäumen lassen. Den Ysop klein schneiden und zur Butter geben. Jetzt die Leber in dieser Ysop-Butter nachbraten, mit Salz und Pfeffer würzen.

Tipp: Leber nicht vor dem Braten salzen, immer erst danach, da sie sonst hart und zäh wird!

Sobanudeln mit Vogelmiere-Basilikum-Pesto von Iris Laib

2 EL Pinienkerne
1 kleine Knoblauchzehe
4 Handvoll Vogelmierespitzen
1 Handvoll Basilikumspitzen
ca. 4 EL bestes Olivenöl
Fleur de Sel
400 g Sobanudeln (japanische Buch-
    weizennudeln)
10 g frisch geriebenen Parmesan

Die Pinienkerne in einer Pfanne ohne Fett leicht rösten. Die Knoblauchze-he fein schneiden und zusammen mit den Kräutern und den Pinienkernen im Mixer pürieren. Nach und nach das Olivenöl zugeben und mit Fleur de Sel abschmecken.

Die Sobanudeln nach Packungsanweisung kochen. Vor dem Servieren je-weils 2 EL Pesto über die Nudeln geben und etwas Parmesan darüberrei-ben.

Heidschnucke mit Feldsalat

4 Heidschnuckenmedaillons oder
    -doppelkoteletts
¼ l Rotwein
Salz, Pfeffer, Paprikapulver
je 1 Handvoll geschnittenen Lauch,
    Knoblauchsrauke, Ysop, Thymian
4 Handvoll Feldsalat
1 große Zwiebel
Essig, Öl
geröstete Weißbrotwürfelchen von
    3 Toastscheiben
Bratfett
Ysop-, Raukeblüten oder Thymian-
    spitzen zum Garnieren

Am Tag vorher die Medaillons mit dem Rotwein begießen und mit Salz, Pfeffer und Paprikapulver bestreuen. Die Kräuter etwas zerkleinern und ebenfalls darübergeben. Alles gut zudecken und über Nacht ziehen las-sen.

Den Feldsalat sorgfältig waschen und trocken schleudern. Pfeffer, Salz, Es-sig und Öl in einer Salatschüssel gut vermischen. Die Zwiebel klein hacken und zusammen mit dem Feldsalat dazugeben. Alles locker vermischen und vor dem Servieren die gerösteten Weißbrotwürfel darübergeben.

Die Heidschnuckenmedaillons in eine nicht zu stark erhitzte Pfanne mit Bratfett legen und von beiden Seiten anbraten. Anschließend noch einige Minuten bis zur gewünschten Gare schmoren.

Auf einer Platte oder einem Teller anrichten und mit Ysopblüten, Rauke-blüten oder Thymianspitzen garnieren.

Forellenfilet ...

... auf Rote-Bete-Kompott mit Apfel-Löffelkraut-Sauce von Kerstin Seifert

für das Kompott
300 g Rote Bete (im Glas mariniert)
1 EL weiße Balsamicoreduktion
1 Msp. Zimtpulver
1 Sternanis
1 EL Nussöl

für die Sauce
50 g Butter
50 g Stärke
150 ml halbtrockener Riesling
1 EL püriertes Löffelkraut
4 EL Apfelwürfel ohne Schale
½ TL Honig
Salz, Pfeffer

4 Forellenfilets je 140 g
1 EL Mehl
Salz, Pfeffer
Fett zum Braten

Rote Bete in 3 mm dicke Scheiben schneiden, mit Balsamicoreduktion, Zimt, Sternanis und Öl kurz aufkochen und 1 Stunde ziehen lassen. Den Fond bei mittlerer Hitze dickflüssig einreduzieren lassen. Die Hälfte der Roten Bete in Würfel schneiden, die andere Hälfte pürieren. Alles zu einem Rote-Bete-Püree mischen und warm stellen.

Für die Sauce Butter erhitzen und mit Speisestärke abstäuben. Den kalten halbtrockenen Riesling nach und nach einrühren, dann die restlichen Zutaten dazugeben. Alles kurz aufkochen und mit Salz und Pfeffer abschmecken.

Die Forellenfilets salzen, pfeffern und in Mehl wenden. Anschließend 3 Minuten von jeder Seite in heißem Fett braten.

Rote-Bete-Püree in der Mitte des Tellers anrichten, den Fisch darauflegen und mit der Sauce umgießen.

Dazu passen Salzkartoffeln.

Postelein-Pesto

Für 3–4 Gläschen à ca. 100 g
100 g Postelein (Winterportulak)
200 ml Rapsöl
40 g geröstete Mandeln
2 Prisen Salz

Postelein waschen und sehr gut trocknen. Die Gläser kochend heiß ausspülen und vollständig trocknen lassen.

Alle Zutaten in einem Mixer zerkleinern und in die vorbereiteten Gläser füllen. Mit etwas Öl bedecken und fest verschließen.

Felsenblümchenkruste
von Kerstin Seifert

125 g weiche Butter
4 Scheiben Toastbrot
200 g Felsenblümchen
Salz, Pfeffer

Toastbrot entrinden und in der Küchenmaschine fein mahlen. Felsenblümchen waschen, trocknen und klein schneiden. Beides mit der Butter vermengen, mit Salz und Pfeffer würzen und zu einer Rolle formen. In Klarsichtfolie wickeln und kühl stellen.
Bei Verwendung 5 mm dicke Scheiben fächerartig auf das zu überkrustende Gargut geben und im Backofengrill goldgelb überbacken.

Sauerkirsch-Sauce von Frank Aussem

30 g Zucker
250 ml Rotwein
250 ml Kirschsaft
250 ml Wildfond
30 g Speisestärke
250 g Sauerkirschen ohne Stein

Den Zucker im Topf karamellisieren, mit Rotwein ablöschen und den Kirschsaft zugeben. Bis zur Hälfte einkochen lassen und mit Wildfond angießen, anschließend mit der in etwas Wasser aufgelösten Speisestärke abbinden und die Sauerkirschen dazugeben.

Damwildnüsschen in Wildkräuter-Haselnuss-Panade

… mit in Spitzwegerich gebratenen Kartoffelnocken von Frank Aussem

für die Kartoffelnocken
700 g Kartoffeln, 2 Eier, 150 g Mehl
Salz, Muskat, etwas Öl
30 g Spitzwegerich
Butter zum Anbraten

für die Damwildnüsschen
je 20 g Löwenzahn, Sauerampfer,
    Brennnessel und Thymian
250 g gehackte Haselnüsse
1,2 kg parierte Damwildkeule
Salz und Pfeffer aus der Mühle
2 Eier, 200 g Mehl, etwas Olivenöl

Die Kartoffeln kochen und ausdämpfen lassen. Dann durch eine Kartoffelpresse drücken. Nach und nach die Eier, Salz, Muskat und Mehl einarbeiten, sodass ein kompakter Teig entsteht.

Den Teig zu ca. 1 cm dicken Rollen ausrollen und mit einer Teigkarte schräg abstechen. In siedendem Salzwasser 5 Minuten ziehen und anschließend auf einem geölten Blech abkühlen lassen.

In einer Pfanne in etwas Butter goldgelb anbraten und kurz den Spitzwegerich hinzugeben.

Für die Panade die Kräuter waschen, klein hacken und in einem Tuch ausdrücken. Mit den gehackten Haselnüssen vermischen. Die Eier in einer flachen Schüssel verquirlen.

Die Damwildkeule portionieren, plattieren und mit Salz und Pfeffer würzen. Portionsweise erst in Mehl wenden, dann in Ei und mit der Wildkräuter-Haselnuss-Mischung panieren. Anschließend in einer Pfanne bei geringer Hitze mit wenig Olivenöl ausbacken.

Dazu passt in Butter geschwenktes Gemüse und eine Sauerkirsch-Sauce.

„Quittenkraft"

ergibt ca. 10 Gläser à 200 g
1,8 kg Quitten
200 g Sanddorn
5 Stängel Ysop
ca. 700 g Gelierzucker 2:1

Die Quitten waschen und halbieren. Zusammen mit dem Sanddorn, dem Ysop und etwas Wasser im Dampftopf aufkochen und nach dem Abdampfen durch ein Sieb streichen. Den Saft abmessen und nach Angabe mit Gelierzucker kochen. Die heiße Masse in Gläser füllen und mit einem Schraubdeckel verschließen.

Der Ysop verleiht diesem Fruchtaufstrich zusätzlich eine fruchtig würzige Note.

Quittenmarmelade von Carina Köck

ergibt ca. 6 Gläser à 250 g
1,5 kg Quitten
¼–½ l Wasser
Mark von ½ Vanilleschote
ca. 500 g Gelierzucker 2:1
ein Schuss Rum
Zimt nach Geschmack
1 Prise Salz

Die Quitten schälen, vierteln, entkernen und in Stücke schneiden. In einem großen Topf mit dem Wasser und der Vanille weichkochen. Sie dürfen nicht anbrennen. Etwas abkühlen lassen und gut pürieren. Mit Gelierzucker nach Packungsanweisung kochen und mit Zimt und Rum abschmecken. Noch heiß in saubere Gläser füllen, verschließen und auf den Kopf stellen. Nach ein paar Minuten umdrehen.

Passt gut zu Käse.

„Süßer Sanddorn"

ergibt ca. 12 Gläser à 200 g
2 kg Sanddornbeeren
1 Handvoll klein geschnittene Süßdolde
ca. 800 g Gelierzucker 2:1

Die Sanddornbeeren im Dampftopf mit etwas Wasser und der Süßdolde kochen. Erst durch ein grobes Sieb streichen, Kerne wegwerfen und nun die Masse durch ein feineres Sieb streichen. Abwiegen und mit Gelierzucker nach Angabe aufkochen. Heiß in Schraubgläser füllen und den Deckel schließen.

Sanddornsaft

ergibt 2 ½ l
2 kg Sanddornbeeren
2 l Wasser
Zucker

Sanddornbeeren in einen hohen Topf geben, etwas stampfen, mit Wasser auffüllen und aufkochen. Solange kochen, bis die Außenhäutchen platzen. Dann nochmals stampfen, in ein Sieb geben und mit dem Passierstab durchpressen. Einige Zeit stehen lassen, obere Flüssigkeit abgießen und mit Zucker zu Sirup verarbeiten.

Aus der dickeren Masse kann Marmelade gekocht werden.

Mispelfruchtaufstrich

ergibt ca. 12 Gläser à 200 g
500 g Mispeln, 1 kg Quitten
500 g Sanddorn
1 Handvoll Minze
ca. 800 g Gelierzucker 2:1

Die Früchte waschen, von der Blüte befreien und evtl. einmal durchschneiden. Mit der Minze und etwas Wasser in einem Dampftopf weich kochen, abgießen und vorsichtig passieren. Die gewonnene Masse nach Maßangabe mit Gelierzucker kochen, in Gläser füllen und verschließen.

Eingelegte Quitten
von Emre Demiryüleyen

ergibt ca. 3 Gläser à 500 g
1 kg Quitten
90 g brauner Zucker
je 1 unbehandelte Orange, Zitrone, Limette
1 Vanillestange, 1 TL Curcuma
1 Zimtstange, 2 Sternanis, 5 Nelken
6 Kardamomkapseln
etwas Orangenblütenwasser
1 Tonkabohne
1 EL Koriandersaat
1 l Apfelsaft

Die Quitten schälen, vierteln, in einen hohen Topf schichten und mit dem Zucker bestreuen. Die Zitrusfrüchte mit einem Sparschäler zur Hälfte schälen und dann auspressen. Die Schalen und den Saft zu den Quitten geben. Die Vanillestange auskratzen und das Mark zusammen mit der Schote in den Topf geben. Die restlichen Gewürze über die Quitten geben und alles mit dem Apfelsaft knapp bedecken. Zum Kochen bringen und dann sofort vom Herd nehmen. Einmachgläser heiß ausspülen, die Quitten noch sehr heiß einfüllen und sofort verschließen. Gekühlt halten sich die Quitten vier bis sechs Wochen.

Von **März** bis

April im Kräuterjahr

„Ach du Grüne Neune"

Frühlingskräuter

Jetzt finden wir in der Natur

- Bärlauch in lichten Laubwäldern
- Brennnessel im Garten und an Wegrändern
- Giersch am Waldrand
- Gundermann an Bäumen und Hecken
- Knoblauchsrauke im Garten und Laubwald
- Und auf Wiesen: Löwenzahn, Pimpinelle, Sauerampfer, Spitzwegerich, Veilchen

Diese Kräuter müssen wir im Garten anbauen

- Hirschhornwegerich
- Schwarzwurzelblätter

Wer sich schon gut mit Wildkräutern auskennt

- Wiesenbocksbart auf trockenen Wiesen (Achtung: Verwechslungsgefahr beim Wiesenkerbel!)
- Wiesenknöterich auf feuchten Wiesen
- Schildampfer ist vereinzelt in Weingebieten in Südwestdeutschland zu finden

Wilde Frühlingskräuter

Den Frühling leiten vor allem jene Kräuter ein, die uns vor der Haustüre und in unseren Gärten im zeitigen Frühjahr begegnen. Diese Kräuter sind unermüdlich in ihrem beharrlichen Erscheinen, auch wenn wir sie dauernd jäten. Sie tauchen hartnäckig immer wieder auf, um uns ihre ungeheure Lebenskraft zu demonstrieren, bis wir sie endlich (wieder) beachten und nutzen. Zum Beispiel für die Neun-Kräuter-Suppe oder Gründonnerstagssuppe, die allerdings auch, ortsverschieden, aus sieben oder elf Kräutern bestehen kann. Diese Suppe ist eine wunderbare Frühjahrs- und Reinigungskur und wirkt Kraft spendend nach einem entbehrungsreichen Winter. Das mag in unserer Zeit etwas merkwürdig klingen, da wir in beständiger Wärme mit regelmäßigem Essen versorgt sind. Kälte, Lichtmangel, Bewegungsmangel, einseitige oder üppige Ernährung lassen aber auch unsere mit Wohl bedachten Körper nach frischem Leben lechzen.

So finden wir jetzt den Giersch, den Löwenzahn, die Vogelmiere und die Brennnessel, die genau wissen, wie man die ersten Sonnenstrahlen, die kühle Frühlingsluft, das Schmelzwasser und die Erdelemente in sich vereint. Auf den Beeten, dem Rasen und an Hecken und Büschen gehen aber auch immer wieder Gänseblümchen, Gundermann, Schafgarbe, Wegeriche,

Sauerampfer, Pimpinelle, Wiesenkerbel, Bärenklau und Knoblauchsrauke auf und in Mauern und Gesteinsritzen findet man das Felsenblümchen. Je nachdem, ob der Mensch, der Boden oder das Ökosystem diese Kräuter vielleicht brauchen. Diese in Kräutern gesammelten Kräfte können wir uns jederzeit kulinarisch einverleiben, so wie die Jahreszeit sie in ihrem Rhythmus hervorbringt.

Kräuterporträts von März bis April

Bärlauch – Frühlingskraft
(Allium ursinum) Amaryllidaceae

Bärlauch ist mittlerweile so populär geworden wie Petersilie und hat in den letzten Jahren Einzug in diverse Lebensmittel gehalten, sodass mit ihm alles gewürzt wird, was vor der Phantasie keinen Halt macht. Aber vielleicht brauchen wir ja auch verstärkt seine entgiftenden, Metalle ausleitenden und kräftigenden Eigenschaften.

Wer einen eigenen Garten hat, dem empfehle ich, ihn in die Nähe von Laubgehölzen zu pflanzen, von wo aus er sich gerne auch im ganzen Garten verteilt, was allerdings weder für den Garten noch für den Gärtner von Nachteil ist. Im Gegenteil, etliche Rosengewächse, wie Obstbäume, Erdbeeren und Rosen, mögen die Nähe des Bärlauchs und anderer Lauchgewächse, wie ich beobachten konnte, und Giersch und Waldmeister teilen sich gerne mit ihm die schattigen Plätzchen unter den Gehölzen.

Um Verwechslungen mit den Blättern des Maiglöckchen und der Herbstzeitlosen zu vermeiden, verreibt man ein Blatt und stellt das eindeutige Knoblaucharoma des Bärlauchs fest!

Brennnessel – Magierin der Kräuter
(Urtica dioica) Urticaceae

Die animalische Brennnessel beherbergt in ihren kleinen Brennhaaren Schlangen- und Ameisengift, das regelrecht injiziert wird, wenn die „Haare" abbrechen und zu scharfkantigen Kanülen werden. Immer wenn meine Knie von der langen Gartenarbeit einmal schmerzen, was vielleicht ein- bis zweimal im Jahr vorkommen mag, dann erinnere ich mich an die sogenannte „Urtifikation", bei der man schmerzende Gelenke oder Muskeln mit frischen Brennnesseltrieben schlägt. Das ist bestimmt nicht jedermanns Sache, aber mir hilft es wunderbar.

Bärlauch – der geruchsfreundliche Anti-Ager

Nachdem der Bärlauch zunehmend zur Amalgam-Ausleitung genutzt wird, ist seine eigentliche Stärke ein wenig in Vergessenheit geraten. Er beeinflusst nicht nur positiv die Bakterienflora unseres Darmes, sondern wirkt sich auch – ähnlich wie der Knoblauch, mit dem er eng verwandt ist – regulierend auf die Blutfette aus, verbessert die Fließfähigkeit des Blutes und wirkt mild Blutdruck senkend. Er ist also bestens geeignet für Frühjahrskuren und da er kaum zu einer Geruchsbelästigung führt, können auch Berufstätige beherzt zugreifen!

Mit Knoblauch verbindet Bärlauch der Geruch.

Ihre wohltuenden Eigenschaften und ihr aparter eigener Geschmack ergänzen und verfeinern jede Frühlingssuppe und alle Wildkräuter-Gerichte. Oder wie wäre es mit einem reinen Brennnessel-Spinat an leckeren Kartoffeln?

Die Samen, roh oder geröstet, ergeben für Mensch und Tier ein echtes Kraftfutter. In meiner Zeit als Pferde- und Ziegenhalterin habe ich oftmals für den Winter extra Brennnesselheu gemacht, auf das sich die Tiere mit Heißhunger gestürzt haben.

Auch für den Gärtner ist die Brennnessel, bevor sie blüht, eine wunderbar kompostierbare Pflanze und vergoren ein Stickstoffbringer. Gegen Läuse unternehme ich nichts mehr – überhaupt lasse ich in meinem Mischpflanzengarten vor allem der Natur ihren Lauf und vertraue darauf, dass sich von selbst ein Gleichgewicht herstellt. Ich betrachte lieber etwas geduldiger, was passiert, wenn man die sogenannten Schädlinge gewähren lässt, sie grüßt und ihnen vertraut, dass sie vielleicht einfach eine Daseinsberechtigung haben oder sogar einer sinnvollen Aufgabe nachgehen. Jedenfalls gilt Brennnesselkaltauszug als Blattlaustod – aber wie gesagt, bei Mischkultur und Vertrauen auf die Natur regelt sich Fressen und Gefressen werden doch von selbst. Und eigentlich gilt diese Haltung auch für Monokulturen, in denen „Schädlinge" auch Anzeiger dafür sind, dass es den Pflanzen so ergeht wie einem Huhn in einer Legebatterie.

Und schließlich wirkt Brennnessel, auf der Baumscheibe von Obstbäumen und Beerensträuchern wachsend, aber auch als Nachbarin vieler anderer Pflanzen, hilfreich und ich sehe sie sehr gerne immer wieder mal zwischen den Beeten oder am Rande des Gartens als Schmetterlings- bzw. Raupenweide.

Giersch – zarter Kraftprotz

(Aegopodium podagraria) Apiaceae

Seit Jahren versuche ich, den Giersch auf ein paar Plätze in unserem Garten zu reduzieren, und beobachte, wie er uns seine Kräfte spielerisch zeigt. Kaum werden die Tage wieder heller, die Temperaturen steigen über Null, erscheint er mit seinen ersten zarten, noch durchscheinenden und zusammengefalteten Blättchen. Pflückt man diese hellgrünen Blätter und verreibt sie zwischen den Fingern, so entströmt ihnen ein herrliches Möhrenaroma! Und man wird kaum hinterherkommen, diese frischen Blätt-

Brennnessel – Tausendsassa im Schutzanzug

Die Brennnessel liebt stickstoffreiche Böden. In Zeiten, in denen die Menschen noch eng mit ihren Nutztieren zusammen lebten, der Misthaufen neben der Behausung eine Selbstverständlichkeit war, wuchsen auch Brennnesseln in Mengen rund um Haus und Hof. Diese wertvolle Pflanze wurde auch intensiv genutzt: als vitamin- und eisenreiche Speise, als Rohstoff für die Herstellung von Nesselstoffen und zu guter Letzt zur Abwehr von schädlichem Zauber und Blitzschlag. Auch in der Phytotherapie genießt sie einen ausgezeichneten Ruf, denn ihre wassertreibenden Eigenschaften machen sie zu einem wirksamen Mittel bei allen Erkrankungen, bei denen eine entwässernde Wirkung nützlich ist, wie z. B. bei Nierengries, Harnwegsinfekten und Wassereinlagerung im Gewebe. Da sie mild die Niere anregt und damit die Ausscheidung von Säuren, eignet sie sich auch als blutreinigende Kur bei Rheuma, Hautausschlägen und Allergien. Es lohnt sich also – mit Handschuhen bewehrt – dieser Pflanze wieder näherzukommen.

Brennnenssel (links) und Giersch (rechts)

chen jeden Tag zu ernten, um sie in Frühlingssalate zu streuen oder sich daraus einen Spinat zu bereiten.

Nicht nur sein Geschmack, sondern auch seine Vitalität, die geplagte Gärtner ausführlich kennen, sind hier hervorzuheben. Ist man beim Jäten des Gierschs nicht gründlich genug und vergisst ein paar Wurzelabschnitte seiner weit verzweigten, leicht brechenden Wurzelausläufer, so wächst sehr rasch daraus ein neues Gierschpflänzchen, das sich schnell im Boden voranschlängelt und unermüdlich Blattmasse erzeugt. Diese Energie des Giersch können wir uns zunutze machen. Sein lateinischer Name spricht von seiner Kraft als Heiler der Gicht (Podagra = Gicht).

Wenn man sich nun seinen verzweigten Wuchs im Boden vor Augen hält und seine unermüdliche Energie, in Kürze Blatt um Blatt nachwachsen zu lassen, so mag ich daraus schließen, dass er seine Kräfte auch in unserem Körper verteilt und zur Wirkung kommen lässt.

Ausgesprochen geschätzt wird der Giersch in Frankreich, wo er auch „Petite Angélique" heißt und tatsächlich in Aussehen, Verwandtschaft und Heilkraft als kleine Schwester der großen Engelwurz gilt. Beides sind Doldengewächse und werden im Naturkräutergarten besonders gerne verwendet. Wir bereiten aus dem Giersch eine Quiche und aromatisieren unser Eis mit kandierten Engelwurzstückchen.

Giersch – essen statt jäten

Aegopodium podagraria – sein lateinischer Name weist schon auf seine größten Wohltaten hin. Podagra ist der berühmte und sehr schmerzhafte Gichtanfall im Großzehengrundgelenk. So wird die Pflanze in der Kräuterheilkunde auch hauptsächlich bei Gicht und rheumatischen Gelenkentzündungen eingesetzt. Unsere genügsamen Vorfahren schätzten ihn als frühen Vitaminspender nach langen Wintern und zur Linderung ihrer Gelenkschmerzen.

Da er zugleich als fast unausrottbares Unkraut gilt, hilft hier nur eins: essen statt jäten!

Hirtentäschel – bescheiden im Auftreten, groß in der Wirkung

Der Hirtentäschel gehört zu den wichtigsten und wirksamsten Heilpflanzen zur Blutstillung. Seine Anwendung ist seit der Antike belegt. In der Klostermedizin wurde der Pflanzensaft verwendet, um Nasenbluten zu stillen. Außerdem sollten Auflagen vom gestampften Kraut im Lendenbereich den Blutfluss der Frauen bessern. Das Auflegen auf den Körper stammt aus der Erfahrung, dass Kräuter beim Aufbringen auf Wunden deren Heilung herbeiführen, und wurzelt in der Vorstellung, dass Pflanzen von guten Geistern beseelt seien und als „Amulett" deren heilende Kräfte herbeirufen. Erstaunlich ist, dass damit Heilungserfolge erzielt wurden und uns so die Anwendung der Pflanze erhalten blieb. Empfohlen wird Hirtentäschel immer noch bei zu langer und zu starker Menstruationsblutung und als Teekompresse bei Nasenbluten.

Gundermann oder Gundelrebe – kraftvolle Würzranke

(Glechoma hederacea) Lamiaceae

Ich freue mich immer schon darauf, wenn sich die hübsche aromatische Gundelrebe zu einer schmackhaften Girlande im Frühling durch den Garten rankt und irgendwann mit ihren lila Blütchen lockt. Dieser unscheinbar aussehende Lippenblütler entfaltet schon mit wenigen Blättern und Blüten eine enorme herbe Aromakraft. Sein ungewöhnlicher Geschmack passt gut zu fetten Speisen und Saucen und würzt Frühlingssuppen auf seine ganz eigene Weise. Ganz besonders fein finde ich die Blüten im Kräuterquark oder die Blätter als Würze zu Ziegen- oder Schafskäsegerichten. Denn wenn man eine Nuance aus der Aroma-Palette der Gundelrebe genauer betrachtet, empfindet man leicht einen Schaf- bzw. Ziegengeschmack.

Die Gundelrebe gehört auch auf Grund ihrer herben aromatischen Würze in die „Neun-Kräuter-Suppe" am Anfang des Frühjahrs.

Hirschhornwegerich – salziges Salatblättchen

(Plantago coronopus) Plantaginaceae

Der Hirschhornwegerich oder Krähenfußwegerich wächst, wie das Löffelkraut, normalerweise in Küstennähe auf leicht salzigen Böden. Er ist verwandt mit unserem vielseitigen Spitzwegerich, dem Breitwegerich (*Plantago major*) und dem Mittleren Wegerich (*Plantago media*), um nur die bekanntesten zu nennen.

In England fand ich einen zierlichen Wegerich, der ganz feine lanzettenförmige glatte Blätter hatte und gar nicht wirklich aussah wie ein Wegerich. Er verriet sich aber durch seine typischen Wegerich-Blüten, die an langen dünnen Stängeln weit über die rosettenartig angeordneten Blätter hinausragen. Wie ich später herausfand, nennt er sich Strandwegerich (*Plantago maritima*), und wie der Name schon sagt, liebt auch er die Küstennähe bzw. die Salzwiesen von Nord- und Ostsee. So schlecht findet er die Gesellschaft mit den heimischen Wegerichen in unserem Schaugarten aber auch nicht.

In Spanien wiederum fand ich eine sehr haarige Hirschhornwegerich-Art, die ich natürlich auch mittlerweile in meinem Garten kultiviere. Und zu

guter Letzt wird auch noch meine Vorliebe für rotblättrige Pflanzen genährt, denn es gibt einen roten Breitwegerich, den *Plantago major ‚Rubrifolia'*, der allerdings auch als weißbunte Variante existiert.

Man kann die frischen jungen Blätter aller mitteleuropäischen Wegerich-Arten essen. Ihre Blüten kurz vor dem Erblühen schmecken nussig, champignonartig und lassen sich auch wie Kapern einlegen. Die Samen kann man nicht nur zum Aussäen sondern ebenfalls zum Essen sammeln. Je nach Jahreszeit, Bodenbeschaffenheit und Wettereinfluss schmecken die Wegeriche unterschiedlich. Man könnte sagen, je feuchter und nährstoffreicher der Boden desto feiner der Geschmack.

Mein kulinarischer Favorit als frische Zutat für Salat ist auf jeden Fall der Hirschhornwegerich. Gibt man ihm und seinem Kollegen, dem Strandwegerich, ab und an eine Prise Meersalz, bringt er eine salzig nussige Note und mit seinen geweihartigen Blättern interessante Formen in einen Wildkräutermischsalat.

Knoblauchsrauke – zartschmelzendes Knoblaucharoma

(Alliaria petiolata) Brassicaceae

Die Knoblauchsrauke bringt uns eine feine senfige Knoblauchnote, ohne zwiebeligen Nebengeschmack in die Gründonnerstagssuppe. Man erkennt die Pflanze an ihren runden glänzenden Blättchen, die eindeutig nach Knoblauch duften, wenn man an ihnen riecht oder sie zwischen den Fingern zerreibt. Im Laufe der Wachstumsperiode erhebt sich die Pflanze aus ihrem kugeligen Wuchs in die Höhe und treibt Blütenstiele, die runden Blätter werden immer spitzer, bis sie an Brennnesselblätter erinnern. Jetzt erkennt man die Verwandtschaft der Kohlgewächse und kann die Samen in den Schoten auch wie Senfkörner verwenden. Natürlich kann man auch die jungen Blütenansätze und Samenhülsen essen oder als Dekoration nutzen.

Im Garten verteilt sich die Knoblauchsrauke, wie ich finde, sehr bescheiden, ganz von allein und füllt leere Stellen, an denen sie ihre zarten runden Blätter ausbreitet. Sie wächst und keimt das ganze Jahr über, vor allem wenn man den Boden irgendwo frisch bearbeitet hat, und wächst auch in milden Wintern weiter, besonders im Gewächshaus. So kann man stets ein paar Blätter ernten und frisch im Salat, in Pestos oder Suppen verwenden.

Gundelrebe – die sanfte Heilerin

Der Name Gundelrebe weist auf ihre alte Verwendung als Heilkraut gegen alle Arten von eitrigen Erkrankungen hin. Gundkräuter bezeichneten alle Pflanzen, die geeignet waren, giftige Körpersekrete auszuleiten, und die als Auflagen für äußerliche Verletzungen als Infektionsschutz verwendet wurden. Später nutzte man sie hauptsächlich für Infektionen der Atemwege. Es war üblich, dass Menschen, die mit Blei hantierten, regelmäßig Gundelrebentee tranken, um die gefährliche Schwermetallbelastung zu reduzieren. Heute wird sie im Rahmen von Amalgamsanierungen als Ausleitmittel genutzt. Empfehlenswert ist sie auf jeden Fall als mildes Entgiftungsmittel bei älteren und geschwächten Menschen.

Löwenzahn – sensibler Kraftbolzen

(Taraxacum officinale) Asteraceae

Betrachtet man sich unsere vielseitigen pflanzlichen Wegbegleiter, wie Löwenzahn, Spitzwegerich, Vogelmiere, Gundelrebe, Brennnessel, Schafgarbe oder Giersch, so treffen wir auf diverse Schätze, die wir uns mit genauem Beobachten und Ausprobieren zugänglich machen oder uns sogar einfach einverleiben können. In dem robusten und kraftstrotzenden Löwenzahn steckt eine durchaus sensible Pflanze, die ihre prächtig gelben Blütenköpfe nur bei Sonnenschein öffnet und sie, wie das Gänseblümchen auch, bei Regen lieber bedeckt hält. Seine gezahnten Blätter variieren von fast glatt und rund bis tiefgesägt. Wie beim Giersch empfehle ich auch beim Löwenzahn die jungen frischen Blättchen im Salat zu genießen oder ihn als Bestandteil in Suppen oder Pestos zu verwenden, denn seine kräftigen bitteren Blätter und die knackige feste Konsistenz runden alle Wildkräutermischungen nicht nur geschmacklich ab, sondern sind auch eine willkommene Abwechslung für das Empfinden von Zunge und Gaumen.

Tief in die Erde wurzelnd befördert der Löwenzahn vitale Stoffe herauf, die er benachbarten Pflanzen, dem Kompost oder uns als Speise zur Verfügung stellt. Ich habe beobachtet, dass viele Pflanzen einfach besser gedeihen, wenn man ein paar Löwenzahnpflanzen daneben stehen lässt. So aber verhält es sich mit vielen Pflanzen – je artenreicher die Nachbarschaft desto vitaler und üppiger wächst alles. Im Gemüsebeet nennt man das Mischkultur, die mit vielfältigem Kräuteranbau umso lebendiger wird. Es ist für einen Kräuterbetrieb nicht gerade leicht, die einzelnen Pflanzen zu ernten, aber man spart sich trotzdem eine Menge Arbeit beim Jäten oder Düngen. Zweimal in der Wachstumsperiode einer Pflanze, die ich für meine Restaurantkunden beernte, jäte ich zwischen den Pflanzen und lege das Jätgut, wie Gräser, Disteln, Hahnenfuß oder Kreuzkraut, einfach um die Pflanzen herum als Dünger und Austrocknungsschutz. Und wenn der Löwenzahn überhand nimmt, so jäte ich ihn und weiß, dass er auch welkend ein hervorragender Nährstoffgeber ist.

Löwenzahn – der Unverwüstliche

Die kleinste Asphaltritze genügt ihm und selbst überdüngte Wiesen und Ränder stark befahrener Straßen überzieht er im Frühling mit einem Teppich aus goldenen Blüten. So wie er den widrigsten Umweltbedingungen trotzt, ringt er uns Bewunderung ob seiner Vitalität ab. Auch dem zivilisationsgeplagten Mitmenschen schafft diese unverwüstliche Pflanze Abhilfe bei einer Vielzahl von Beschwerden, die das moderne Leben mit sich bringt. Er regt die Niere an, was ihm volkstümlich den wenig schmeichelhaften Namen „Pissblume" einbrachte, aber auch den Ruf eines guten Blutreinigers bei Hautkrankheiten. Er regt durch seine Bitterstoffe zudem den Gallenfluss und die Verdauungstätigkeit an. In der Homöopathie gilt er als wichtiges Lebermittel.

All das sollte uns bei seinem Anblick in unserem Rasen milde stimmen!

Knoblauchsrauke, Wegerich, Löwenzahn, Giersch (im Uhrzeigersinn)

49

Pimpinelle – eigenwilliges Nusskräutchen

(Sanguisorba minor) Rosaceae

Ich habe festgestellt, dass die Pimpinelle, auch kleiner Wiesenknopf genannt, gerne in der Gesellschaft von einfachen kürzeren Gräsern lebt, was ihrem natürlichen Standort auf der Wiese sehr nahe kommt, auch wenn sie nach zwei, drei Jahren sehr zuwuchert – und insofern etwas mühsam zu pflücken ist. Im Gewächshaus kann sie nahezu das ganze Jahr über beerntet werden und scheint auch die Nachbarschaft von Zwiebelgewächsen, wie Knoblauch, Schnittknoblauch, Zwiebeln, Bärlauch und Winterheckenzwiebeln oder Luftetagenzwiebeln, zu schätzen. Mit der Zwischenpflanzung der Zwiebelgewächse versuche ich, der Anfälligkeit für Rost an den Pimpinelle-Pflanzen etwas entgegenzuwirken. In Töpfen oder Blumenkästen fühlt sich diese Staude auch recht wohl und kann auf kleinstem Raum für den täglichen Gebrauch gezogen werden.

Diese heimische Staude hat mir schon als Kind sehr gut gefallen, mit ihren kleinen gefiederten Blättchen, ihrem unverwechselbaren nussig-lieblichen Geschmack und ihren niedlichen Blütenköpfchen. Erst viele Jahre später habe ich mal auf einer Reise in Ungarn den Großen Wiesenknopf in Massen auf Wiesen gesehen, wie die großen rotbraunen Blütenknöpfe lustig im Wind über der Wiese wogten.

Sowohl der Kleine als auch der Große Wiesenknopf *(Sanguisorba officinalis)* können in der Küche verwendet werden, doch schmeckt der kleine, meiner Meinung nach, wesentlich aromatischer und ist auch vom Blatt her zarter und verleiht Wildkräuterpestos oder einer Wildkräutersuppe erst die richtige Würze – so wie er auch die Frankfurter Soße entscheidend mitgestaltet.

Sauerampfer – unermüdlicher Frischebote

(Rumex acetosa und acetosella) Polygonaceae

Der Sauerampfer, zur Familie der Knöterichgewächse gehörend, begleitet uns mit seinem unermüdlichen Wachstum durch das ganze Jahr. Gut, in sehr frostigen Tagen pausiert auch er, wie alles in starken Wintern. Aber sobald es wieder ein bisschen wärmer und feuchter wird, sprießt er munter weiter und wir können ihn für unsere Salate, Pestos oder Sauerampfersüppchen pflücken. In Frankreich oder hierzulande in Delikatessenläden gibt es milchsauer eingelegten Sauerampfer in Gläsern zu kaufen. Man

Sauerampfer – mit Maß und Ziel

Der Gebrauch von Sauerampfer reicht sehr weit zurück. Er gehört zu den Pflanzen, die den Menschen seit seiner Sesshaftwerdung begleiten. Im Altertum wurde er als Gemüse geschätzt und auch als Heilmittel verwendet. Er diente der Behandlung von Skorbut und als Wundauflage. Die Unterscheidung von Pflanzen in Nahrungsmittel oder Medizin erfolgte lange Zeit nicht streng. Man hielt es mit dem griechischen Arzt Hippokrates, der forderte, dass die Nahrung des Menschen auch seine Medizin sein solle. Der Sauerampfer wird heute nur noch eingeschränkt empfohlen, da er größere Mengen Oxalat enthält, das den Magen-Darm-Trakt und die Nieren reizen kann. Außerdem entzieht er in größeren Mengen genossen dem Körper Calcium. Die besten Ratgeber beim Gebrauch von Pflanzen sind Wissen und Maßhalten. Wer das beherzigt, kann auch dem Sauerampfer ein Plätzchen in Küche und Garten zuweisen.

kann ihn also wie Sauerkraut konservieren, wenn er in milden feuchten Wochen mal in besonderer Üppigkeit zur Verfügung steht. Denn in trockener heißer Zeit macht er nicht gerne viel Blattmasse.

Auch der verwandte Blutampfer (*Rumex sanguineus*) ist eine hübsche Variante mit roten Blattadern, die wesentlich milder, also nicht so sauer, schmeckt. Er treibt immer wieder viel Blattmasse nach, wenn man ihn stetig beerntet. Er sieht wunderschön im Salat aus und lässt sich als natürliche Dekoration verwenden. Abgesehen davon ist der Blutampfer eine schöne Teichrandpflanze, denn auch dort bringt er Farbe ins Uferrandleben.

Und wie sollte es anders sein, finden wir im Sauerampfer viele Vitamine, doch wird vor allzu reichlichem Verzehr auf seinen hohen Oxalsäuregehalt hingewiesen, um die Nieren nicht zu überfordern. Aber eigentlich enthalten alle Kräuter viele Vitamine, Mineralien und andere Vitalstoffe, auf die man nicht näher eingehen muss, denn Kräuter komprimieren ohnehin in ihrer Stofflichkeit so viel Lebendigkeit, die uns durch all das, was es sonst noch zwischen Materie und Energie, zwischen Erde und Himmel gibt, ungeahnte Gaben zukommen lässt.

Schwarzwurzel – sättigt und pflegt die Darmflora

Die Schwarzwurzel erinnert uns daran, dass es nicht nur heilende Kräuter, sondern auch sehr viele heilende Wurzeln gibt. Hier fällt die Entscheidung schwer, ob wir nun ein wertvolles Wurzelgemüse oder eher ein Heilmittel vor uns haben. Wobei diese Unterscheidung für unsere Ahnen keine Bedeutung hatte, da sie die Pflanzen nicht so analytisch betrachteten wie wir. Besonders wertvoll ist die Schwarzwurzel für Diabetiker, denn sie enthält reichlich Inulin. Diese besondere Stärkeart benötigt kein Insulin, denn sie verbleibt im Dünndarm und gelangt nicht ins Blut. Damit sättigen diese Pflanzen, ohne den Blutzuckerspiegel zu erhöhen. Doch auch im Darm tun sie uns noch Gutes. Dieser Ballaststoff sorgt dafür, dass sich die nützlichen Milchsäurebakterien in unserem Darm wohl fühlen, und trägt zu einer gesunden Darmflora bei.

Normalerweise isst ein Mensch nicht übermäßig viele Kräuter und moderne Warnungen beruhen oft auf Laborversuchen. Je nach Standort, Düngung, Bodenbeschaffenheit und Bodenleben oder Pflanzennachbarschaften variieren die Inhaltsstoffe der Kräuter enorm. Man sollte einfach niemals zu viel von irgendeinem Lebensmittel über einen längeren Zeitraum verzehren. Ein vielseitiger Speiseplan ist allemal ein guter Rat, wobei ich selbst eher die Trennkost bevorzuge und mich tendenziell basisch ernähre. Und die Natur hält so viele Schätze für uns bereit, dass man täglich ein anderes Kräutlein ausprobieren kann!

Schildampfer – saurer Drop

(Rumex scutatus) Polygonaceae

Eine sehr leckere Variante ist der Römische Schildampfer, den ich wild wachsend zunächst nur in den andalusischen Berghöhen antraf, der gerne durch Felsgeröll, Schotter oder Schutt wächst. Dazu zieht er sich mit seinen verholzenden Wurzeln und Ästen durch das Geröll und wurzelt sehr tief verzweigt umher. Im Winter stirbt hierzulande alles Oberirdische ab, um sich im Frühjahr mit weiteren Ausläufern wieder frisch zu präsentieren. Jüngst fand ich an diversen Moselburgen, wie zum Beispiel der Ruine Grevenburg bei Traben-Trarbach, im Mauergeröll und zwischen verwitterten Schiefersteinen, wilde Schildampfer-Exemplare. Diese Ampferart ist besonders sauer und wenn ich meine kleinen Kräuterführungen mache, laben sich die Teilnehmer gerne an seinen kleinen schildförmigen graublauen Blättchen. Als saurer Drop oder zum neutralisieren des Gaumens oder einfach nur zur Erfrischung. Auf den ersten Blick sehen die Blätter zwar zäh und ledrig aus, sind aber zart und neutralisieren den Gaumen, wenn man sich durch die vielen verschiedenen Geschmacksrichtungen im Garten durchprobiert hat. So wie man sich auf einer Weinprobe mit Brot oder Wasser neutralisiert, falls das noch so stimmt. Jedenfalls ist der Schildampfer absolut winterhart und im Gewächshaus, wenn es nicht allzu frostig wird, kann man ihn auch durchgehend ernten. Überhaupt lässt er sich wöchentlich beernten und treibt auch bei Trockenheit immer wieder Blätter nach! Da unterscheidet er sich von anderen Ampfersorten, denen der feuchte Standort lieber ist. Das ständige Bepflücken der Kräuter bewirkt allgemein ein stetes Nachwachsen, als gäbe es durch das viele Ernten besondere Wachstumsimpulse, vor allem wenn man sich immer wieder bei den Pflanzen bedankt!

Schwarzwurzel – Vanillerausch am Mittag
(Scorzonera hispanica) Asteraceae

Die feine Schwarzwurzel kennt man zwar und wer sie liebt, baut sie auch im Garten an und macht sich die Mühe, die zerbrechlichen und klebrigen weißen Wurzeln aus ihrer schwarzen Schale zu befreien. Doch birgt die Pflanze noch ein paar andere interessante aromatische Geheimnisse. Es lohnt sich, einen sonnigen Dauerplatz für die Schwarzwurzel im Garten zu reservieren, um ab dem zweiten Wuchsjahr nicht nur ein kleines Vanillewunder zu erleben!

Wenn im Frühling die ersten zarten Blätter der Schwarzwurzel aus der Erde sprießen, bereichern sie jeden Salat mit ihrem süßlich knackigen Geschmack und entschlackend sollen sie auch sein! Man darf sich nur nicht an dem zarten Flaum der Blätter stören, den man aber auch abwaschen kann. Ich finde die rohen Blätter der Schwarzwurzel einfach fantastisch im Geschmack und bis Juni kann man üppig Blätter ernten. Später im Frühsommer fangen die Pflanzen an, in die Höhe zu treiben, und die vielen dicken Knospen lassen sich wie Kapern einlegen, mit leicht süßlichem Geschmack.

Spitzwegerich – der König des Weges

Die Wegerichkräuter gedeihen auch auf fest getretenen Pfaden und Wegen. So kam er zu seinem althochdeutschen Namen „Wegbeherrscher": Denn wo nichts mehr wächst, wächst Wegerich. Von seiner einstmals breit gefächerten Anwendung ist seine Hustenreiz stillende Wirkung in Säften und Bonbons geblieben. Auch die äußerliche Anwendung der zerdrückten Blätter, mit denen man Insektenstiche abreiben kann, ist noch vielen als „Erste Hilfe in Wald und Flur" bekannt. Die Heilige Hildegard fand ihn übrigens auch wirksam, um sich von angezauberter Liebe zu befreien! Wer also einen entsprechenden Verdacht hegt: Ein Tässchen Spitzwegerichtee kann nicht schaden und tut den Atemwegen gut!

Lässt man nun ein paar Blüten stehen und beugt sich zur sonnigen Mittagszeit über die ca. 1,5 m hoch gewordenen Pflanzen, um seine Nase in die löwenzahnähnlichen gelben Blüten zu versenken, erlebt man einen wahren pflanzlichen Vanillepudding! Einen echten kalorienarmen Vanille-pur-Aroma-Nachtisch! Natürlich kann man die Blüten essen oder als Dekoration verwenden; leider ist es mir noch nicht gelungen das Vanillearoma zu konservieren – und am Nachmittag schließen sich die Blüten auch schon wieder und der Vanilleduft ist verflogen.

Nahe Verwandte der Schwarzwurzel sind die lila blühende Haferwurzel (*Tragopogon porrifolius*) und der heimische gelb blühende Wiesenbocksbart (*Tragopogon pratensis*). Beide Arten sind in der Antike und im Mittelalter kulinarisch verwendet worden. Wie schon bei der Schwarzwurzel sind die ganzen Pflanzen essbar und lassen sich ebenso leicht im Garten anbauen. Sowohl roh als auch gekocht kann man die Blätter, Blüten und Wurzeln verwenden. Sehr hübsch sind nach der Blüte die riesigen Pusteblumen mit dicken länglichen Samen, die sich aber gerne im Garten breit machen!

Spitzwegerich – löschender Champignonkönig
(Plantago lanceolata) Plantaginaceae

Den Spitzwegerich finden wir nahezu überall zu jeder Zeit und so auch seine Brüder den Mittel- (*Plantago media*) und Breitwegerich (*Plantago major*), die man alle fast rund ums Jahr für Salate, Suppen oder Spinat sammeln kann. Um immer frischen Spitzwegerich zur Verfügung zu haben, kann man die Pflanzen immer wieder ganz herunterschneiden und sie an den saftigeren feuchteren Stellen im Garten kultivieren.

Ich bevorzuge für meine Rezepte den jungen Spitzwegerich, der meiner Meinung nach das mildeste Aroma und wesentlich zartere Blätter hat. Sowohl die Blätter als auch die frischen, noch geschlossenen Blütenknospen schmecken nach rohen Champignons und verleihen Suppen oder Pestos aus wilden Kräutern eine balsamische Note.

Spannend sind immer wieder die Reaktionen der Seminarteilnehmer, wenn ich von den vielfältigen Aromen oder Eigenschaften der Kräuter erzähle.

Roter Breitwegerich

Im Falle des Wegerichs am Beispiel der prompten Linderung der lästigen Wirkungen von Insektenstichen, die sich mit ein paar wenigen Tropfen Spitzwegerichsaft einstellt. Aber, wie immer in der Kräuterheilkunde, wirkt nicht jedes Kraut bei jedem gleich schnell oder stark. Nimmt man zwei, drei saftige Spitzwegerichblätter und zerreibt diese kurz zwischen den Handflächen, so tritt recht schnell der grüne Saft aus den Blättern. Nun braucht man nur noch die feuchten Blätter über die Einstichstelle zu reiben und nach kurzer Zeit hört das Jucken auf und die Schwellung geht zurück. Das Gute daran ist auch, dass ein einmaliges Einreiben meist reicht, je nachdem wie empfindlich die Person ist. Der Saft des Wegerichs hilft bei allen Insektenstichen, egal ob Mücken- oder Bienenstich, Wespen- oder Hornissenstich, aber Ausnahmen gibt es immer.

Wiesenkerbel

(Anthriscus sylvestris) Apiaceae

Den zarten Blättchen des Wiesenkerbels begegnen wir schon sehr früh im Jahr. Spätestens im April erscheinen die deutlich nach herber Möhre duftenden und schmeckenden Blätter, deren Stiele eine deutliche Kerbe auf der Oberseite aufweisen und fein gefiedert und unbehaart sind. Schon ab Mai sieht man überall in Wiesen und an Straßenrändern seine weißen Blütendolden über die Gräser hinausragen.

Der Wiesenkerbel ist auf jeden Fall Bestandteil der Frühlingssuppen, Wildkräuterpestos, für traditionelle Frühjahrskuren und meine Kochfreunde schätzen den kräftig möhrigen Geschmack und die hübschen Blattwedel als Tellerdekoration.

Leider kann man gerade diesen Doldenblütler mit giftigen oder ungenießbaren Verwandten verwechseln. Mit der einjährigen Hundspetersilie (*Aethusa cynapium*) etwa, die an Ackerrändern und im Garten immer wieder über Sommer aufkeimt und schnell in Blüte geht, aber ziemlich geruchlos ist. Und mit dem gefleckten Schierling (*Conium maculatum*), den ich bisher nur an trockenen Uferrändern gesehen habe, wo er über 2 m hoch werden kann und ab ca. Juli blüht.

Beide giftigen Pflanzen haben runde Stängel, der Schierling zudem auch rote Flecken, und riechen nicht oder nicht gut. Wer sich aber unsicher ist, lässt den Wiesenkerbel lieber stehen.

Pimpinelle oder der Kleine Wiesenknopf – geschichtsträchtige Verwandtschaft

Wenn es einen Kleinen Wiesenknopf gibt, ist ein Großer Wiesenknopf sicher nicht weit. Und tatsächlich ist dieser der „wilde Bruder" unserer Gartenpimpinelle. Während das Gartenkräutlein überwiegend als Würzkraut geschätzt wird, trägt der Große Wiesenknopf seine arzneiliche Verwendung schon im Namen. Sanguisorba officinalis bedeutet, dass er zu Heilzwecken benutzt wurde. Er wurde hauptsächlich zur Blutstillung eingesetzt, als Wundheilmittel und bei schweren Durchfällen. Doch diese Verwendungsformen sind nur noch geschichtlich interessant, da für solch schwerwiegende Symptome heute sichere Medikamente zur Verfügung stehen.

Wiesenknöterich – Gaumenschmeichler

(Bistorta officinalis) Polygonaceae

Früher wurde ich auf den Wiesenknöterich immer erst aufmerksam, wenn er seine rosa Blütenbüschel über die Wiesen streckte, und fand ihn überaus faszinierend, ohne genau sagen zu können, warum.

Wenn ich ihn heute im Laufe des Jahres näher betrachte, dann fallen seine stets saftigen Blätter auf, die von keinem Insekt oder keiner Schnecke angefressen werden. Das Wort „Vitalität" drängt sich mir für diese hübsche Wiesenpflanze mit ihren dunklen grünen Blättern auf. Sie scheinen ledrig, sind aber geschmeidig und zart, wenn man sie frisch verzehrt.

Ich mag den fein-säuerlichen und vor allem cremigen Geschmack der frischen rohen Wiesenknöterich-Blätter mit ihrem festen aber zarten Biss. Man kann die Blätter frisch zum Einwickeln von Frischkäse oder Reisgerichten verwenden oder sich einen cremig-nussigen Spinat bereiten, indem man die Blätter kurz in Butter oder Ghee schwenkt.

Wir finden ihn eigentlich auf feuchten Wiesen, gerne auch in Bachnähe. Doch bei mir wächst er seltsamerweise unter den Obstbäumen, wo allerdings angeblich eine Wasserader verläuft. Ebenfalls zu den Knöterichgewächsen gehören die Ampferarten, der einjährige Buchweizen und der Wasserpfeffer (*Polygonum hydropiper*), eine einjährige Sorte, die pfefferscharf und in lichten Wäldern oder an Waldrändern zu finden ist. Von ihrem Verwandten, dem Japanischen Wasserpfeffer, braucht man nur kurz in ein kleines rohes Stückchen Blatt zu beißen und schon hat man scharfes „Chili" auf der Zunge. Und ganz lecker ist auch Vietnamesischer Koriander (*Polygonum odoratum*), dessen Blätter korianderartig mit einem Hauch Zitrone schmecken.

Duftveilchen – Frühlingsverkünder
(Viola odorata) Violaceae

Ein paar Exemplare des heimischen Duftveilchens haben sich über die Jahre, durch Ausläufer und das Verbreiten der Samen durch emsige Gartentiere, im gesamten Garten verteilt. Sowohl unter den Beerenbüschen als auch in weitflächigen Nestern auf dem mageren Rasen scheint es sich wohl zu fühlen und verströmt an sonnigen Frühlingstagen seinen herrlichen Duft. Auf diese Stimmung, die ich mit der Veilchenblüte verbinde, freue ich mich immer schon ungeduldig und paradoxerweise als „Ruhe vor dem Sturm". Denn die Veilchen bedeuten meine Einstimmung in ein reges und arbeitsames Kräuterjahr – eine kurze Zeit, um noch einmal tief Luft und Kraft zu holen. So pflücke ich jeden Tag bei Sonnenschein die duftigen Blüten, die ich frisch über Salate streue, trockne, verzuckere, kandiere oder in Wein oder Schnaps einlege, um daraus später eine schöne aromatische Zutat für Pralinen, Kuchen, Eis oder Saucen zu haben.

Die jungen Triebe, Blätter und Blüten des Veilchens schmecken gut in Salatmischungen und Saucen oder zieren allerlei Gemüsegerichte. Als besonders feine Zutat verleiht das Aroma der Veilchenblüte Wildkräuterpestos eine delikate Note.

Duftveilchen – Frühlingsbote mit Aha-Effekt

Das Veilchen bezaubert durch seinen angenehmen Duft und bezeugt durch sein Erscheinen als einer der ersten Frühblüher den Frühling. Es galt im Altertum als Mittel gegen die Wirkung von übermäßigem Alkoholgenuss, sodass man gerne veilchenbekränzt feierte, in der Hoffnung dem morgendlichen Kater zu entgehen. Diese Sitte hat sich nicht gehalten. Es scheinen sich also doch die Griechen durchgesetzt zu haben, die Maßhalten empfahlen. Gehalten hat sich jedoch der Gebrauch in Hustenteemischungen, insbesondere für Kinder, wo es eine mild schleimlösende Wirkung entfaltet und dem Tee einen angenehmen Duft verleiht. Auch in der Therapie von Hauterkranken behauptet das bescheidene Blümchen seinen Platz.

Es kann also doch mehr, als man ihm auf den ersten Blick zutraut.

Duftveilchen

Relative Betrachtungen über Frauenkräuter und Unkräuter

Zyklusbeschwerden haben vielleicht auf den ersten Blick nicht viel mit einem Kochbuch zu tun, aber die Dinge hängen einfach alle zusammen, vor allem wenn es um das Thema Kräuter, Ernährung und Bewegung geht.

Es hat mich schon als Kind gewundert, dass man so viel Wert darauf legt, Teilaspekte zu sezieren, zu analysieren, um sie dann, meist unzulänglich geprüft, ohne ihren ursprünglichen Kontext weiter zu berücksichtigen, zu benutzen und für irgendwelche Zwecke zusammenhanglos zu propagieren. Währenddessen versuchte ich gerade die verschiedenen Teile, die man so im Leben, bei den Eltern und vor allem in der Schule erfährt, in ein Gesamtverständnis zu vernetzen, weil ich eigentlich überall Zusammenwirken witterte.

So wie in dem Film „Avatar" der Planet Pandora mit jedem seiner Teile und Geschöpfe in lebendiger Kommunikation verbunden ist, so empfinde ich eine Geist- oder Lebendigkeitsdurchwirkung aller Dinge und Lebewesen auf unserer Erde. Die Verbundenheit, die ich mit unserem Planeten fühle, verstärkt sich noch einmal mit dem kleinen Gartenstück, das ich bearbeite, aus dem ich meinen Lebensunterhalt schöpfe und in das ich meine Energie stecke.

Eines Tages, als meine Zyklusbeschwerden zu heftig wurden, fielen mir die unübersehbaren Mengen an Hirtentäschel im Garten auf, die ich überall jäten musste. Doch während des Jätens hielt ich inne und recherchierte in einem Heilkundebuch über das Hirtentäschel und siehe da, es war genau das richtige Kraut, um Blutungen zu stillen. Meine zumindest. Von nun an achtete ich viel mehr darauf, welche Pflanze wann und wo auftauchte und ob sie irgendetwas bedeuten könnte. Es ist nicht unbekannt, dass vor der eigenen Haustür meist die passenden Heilpflanzen wachsen. Dabei ist es egal, ob sie erst dann auftauchen, wenn man sie braucht, oder ob sie sich im richtigen Moment erst ins Bewusstsein schieben.

Alchemilla – ein „Frauenmantel", der ein Leben lang passt!

Der Frauenmantel scheidet einen Pflanzensaft aus, der von den Alchemisten zu Elixieren verarbeitet wurde. Daher erhielt er den Namen Alchemilla – die kleine Alchemistin. Der Name Frauenmantel rührt von der Gestalt seiner Blätter, die an einen faltenreichen Mantel erinnert.

Diese Flüssigkeit war auch als Hautpflegemittel und Schönheitswasser begehrt und beliebt. Traditionell wird der Frauenmantel bei fast allen Frauenleiden verordnet. Ob als Sitzbad, Tee oder Kräutertropfen – ob Pubertätsakne, Regelbeschwerden, Probleme mit Fruchtbarkeit oder in den Wechseljahren. Er darf in keiner Mischung fehlen und begleitet so ein ganzes Frauenleben!

Das Hirtentäschel (*Capsella bursa-pastoris*) stillt nicht nur Blutungen, sondern es schmeckt auch außergewöhnlich und gut – letzteres ist natürlich Geschmackssache. Roh im Salat finde ich es sehr apart und für den Winter trockne ich mir mittlerweile auch andere Kräuter. Für meine Beschwerden sammele ich mir vor allem Frauenmantel (*Alchemilla vulgaris*), der meiner Meinung nach den ganzen Organismus zurechtrückt, oder alles auf ganz liebevolle und sanfte Art neu arrangiert. Die Schafgarbe (*Achillea millefolium*) mit ihren filigranen Blättchen verwende ich roh im Salat oder natürlich in den Frühlingssuppen und trockne mir die Blüten für den Winter. Daneben pflücke ich mir auch übers Jahr immer wieder Gänseblümchen (*Bellis perennis*), Ringelblume (*Calendula officinalis*), Monarde (*Monarda didyma*), Rosenblüten, Engelwurzblätter (*Angelica archangelica*), Himbeere, Zitronenmelisse (*Melissa officinalis*) und Brennnessel (*Urtica dioica*). Mit etwas Beifuß (*Artemisia vulgaris*) und Eisenkraut habe ich auch schon experimentiert – aber leider wirkt das Eisenkraut (*Verbena officinalis*) bei mir nicht gegen prämenstruellen Kopfschmerz. Über ein, zwei Jahre trank ich einen Mischtee aus oben genannten Kräutern und mein ganzer Zyklus war für mich zufriedenstellend reguliert. Allerdings esse oder würze ich auch mit diesen Kräutern viel, allen voran mit Engelwurz und Brennnessel.

Wie bei allem reicht es aber nicht aus, die Symptome zu bekämpfen, denn nach guten zwei Jahren waren die Beschwerden wieder da, trotz des Tees, der so gut gewirkt hatte. Es geht darum, dass man eben nicht „bekämpfen" kann. Was ja auch für jedwede lästigen Tiere und Pflanzen im Garten gilt, die man selbst als Biogärtner immer noch bekämpft. Man wird immer wieder darauf gestoßen, sich mit allen Teilen des Puzzles zu beschäftigen, damit man ganz, heil wird. Die Lage, die Situation, den Garten, seinen eigenen Organismus im Gesamtzusammenhang betrachten, um zu entdecken, an welcher Stelle man Änderungen vornehmen kann, um das Ganze am Leben und Wirken zu halten.

Ich musste mich in diesem einen speziellen Fall schließlich gründlich mit meinem Frausein beschäftigen und das ist es, was die Plagen von uns abverlangen – oder anders ausgedrückt, warum wir uns die Plagen erschaffen. Damit wir hinschauen und die Teile in ihrem Zusammenwirken sehen und uns explizit damit in Verbindung setzen. Das Hirtentäschel war mir eine gute Zeit lang ein Vehikel, ein Hinweisschild, bis ich einen Schritt weiter gehen konnte, um tiefer in die Materie einzudringen, um mich

Die Rose – die Venus unter den Blumen

Die Rose zählte seit dem Frühmittelalter zu den Heilpflanzen und war Stammgast in Klostergärten. Sie enthält ein wundervolles, duftintensives, ätherisches Öl, das zu den teuersten Aromastoffen zählt. Eine Fülle von Rezepten für Schönheitselixiere auf Basis von Rosenwasser zeugt vom Pflegebedürfnis mittelalterlicher Damen. Dieses ätherische Öl ist so mild, dass es in der rechten Verdünnung sogar auf den empfindlichen Schleimhäuten angwendet werden kann. So stellen einige Apotheken Rosenölzäpfchen her, die in oder nach den Wechseljahren Beschwerden bei vaginaler Trockenheit lindern können. Zusätzlich hilft uns ihr einhüllender Duft auch in Zeiten von Hitzewallungen und Stimmungsschwankungen.

Schafgarbe – die herbe Wiesenschönheit

Im Geschmack zeigt sie sich leicht bitter und zusammenziehend. Wie alle Bitterdrogen wirkt sie verdauungsfördernd und stärkend auf Magen und Darm.

Seit alters her wurde sie als blutstillendes Wundkraut benutzt. Ihr lateinischer Name lautet *Achillea millefolium* und erinnert somit an die berühmte Achillesferse, deren Verletzung zum Tod des berühmten Helden geführt haben soll. Tatsächlich hieß sie bei den Römern auch „Soldatenkraut".

Da die Schafgarbe zusammenziehend wirkt und so Blutungen stillen kann und außerdem durch den Gehalt an ätherischen Ölen keimhemmend wirkt, wurde sie auch in der Frauenheilkunde verwendet.

Traditionell findet sie sich in Teerezepturen zu Sitzbädern bei krampfartigen Beschwerden vor der Regel und bei Durchblutungsstörungen im kleinen Becken.

Noch besser ist die Wirkung dieser Rezepturen jedoch, wenn man die Schafgarbe auch innerlich einnimmt in Form von Tee oder Tinkturen.

ganzheitlich, geistig damit zu beschäftigen und um mich in größeren Zusammenhängen zu sehen und notfalls anders zu verhalten. Ich konnte meine Haltung, keine Frau sein zu wollen, eben nicht länger aufrecht erhalten, ohne dabei irgendeinen Schaden zu erleiden, den ich mir letztlich auch mit meiner Geisteshaltung selbst eingebrockt hatte. Ich bin eben eine Frau und das musste ich erst einmal akzeptieren, statt dagegen zu kämpfen.

So sehe ich das auch für das Thema Schneckenplage im Garten. Über den Weg der Bekämpfung bis hin zu Kooperation mit sogenannten Schädlingen verging eine lange Zeit und eines Tages demonstrierten mir die Schnecken daselbst, dass sie gar keine Plage sein wollen. Wie ich im Portrait über Engelwurz erwähne, haben mir Schnecken eine ganze Topfkultur Engelwurz total abgefressen, doch vergaß ich die Pflanzen aus Zeitmangel auf dem Kompost zu entsorgen, bis ich nach einer ganzen Weile erstaunt über das viel kräftigere Wiedererscheinen der nun sehr dunkelgrün gewordenen Engelwurzpflanzen war. Die Schnecken hatten den armen Pflänzchen einen wichtigen Impuls gegeben, so schien es, denn die große Engelwurz war von mir in diese kleinen Töpfe gezwängt worden und hatte natürlich ihre Nöte.

Für die Schnecken ging allerdings ein Impuls von mir voraus. Ich hatte verschiedene Theorien über das Thema Schädlinge studiert, selbst keine Lust mehr, mir Gedanken über das lästige zeitaufwendige Töten zu machen, und beschloss, den Garten vollkommen sich selbst zu überlassen. Das einzige was ich noch mache, ist jäten, aber das kommt meist auch einem Pflücken gleich und ich bitte die Pflanzen vorher, dass ich sie pflücken, jäten oder essen darf. Die sogenannten Schädlinge und Unkräuter leben also in meinem Garten als Teil meines Bewusstseins, denn innerlich kommuniziere ich ständig mit ihnen, schaue sie an, grüße sie, freue mich über Wuchs, Farbe, Gestalt und versuche mir vorzustellen, dass die Natur so verdammt gut ohne den Menschen auskommt und vollkommen funktioniert, auch oder weil irgendetwas zugrundegeht, um mit Goethe zu gehen, der da sagt: Denn alles, was entsteht, ist Wert, dass es zugrunde geht. Übrigens heißt Grund ja auch Tiefe und Boden ...

Kräuterküche
von März bis April

Meine Frühlingsungeduld erfährt spätestens bei den ersten zarten Giersch- und Löwenzahnpflänzchen eine echte Erlösung! Mit einer Scheibe Brot, die dick mit Butter bestrichen ist, eile ich in den Garten und drücke frische Löwenzahn- und Gierschblätter auf die Stulle und genieße das möhrig-zartbittere Kräutervergnügen, während ich schon mal ein paar Veilchenblüten für spätere Verwendung pflücke oder einfach nasche.

Jetzt ergänze ich meine frischen Salate, die aus Feldsalat, Felsenblümchen, Vogelmiere und Postelein bestanden haben, mit viel Löwenzahn, Spitzwegerich, Hirschhornwegerich, Pimpinelle und Giersch. Das könnte ich schon zum Frühstück essen, aber abends gibt's das meistens mit Kartoffeln in allen Variationen, mit Nudeln oder Reis. Ganz besonders fein ist das mit Fisch und ich esse entweder Salat mit Eiweiß oder mit Stärke haltigen Lebensmitteln. Ich habe mit den Jahren erkannt, dass mir das mischen nicht gut tut, sondern die Trennung bei den einzelnen Mahlzeiten viel besser bekommt. Frei nach der Trennkost und tendenziell möglichst basisch. Auch wenn ich essen gehe oder zu Besuch bin, achte ich wenn möglich darauf. Das fortschreitende Jahr wird mir immer mehr Kräuter zur Verfügung stellen, die mich mit allen nötigen Vitalstoffen versorgen und vor allem mit einer bunten Palette an Geschmacksvariationen.

Carpaccio mit Sauerampfer-Rucola-Salat von Katrin de Jong

500 g Rinderfilet
1 Bund Sauerampfer
½ Bund Rucola
Wildkräutersalz, Pfeffer
5 EL Sauerampfer-Limetten-Öl
50 g Parmesan

Das Filet trocken tupfen, in einen Gefrierbeutel legen und 20 Minuten anfrieren lassen.

Sauerampfer und Rucola verlesen, waschen, fein schneiden und mischen. Das Filet in hauchdünne Scheiben schneiden und flach auf einen Teller legen. Den Salat in die Mitte geben. Alles mit Wildkräutersalz und Pfeffer würzen und mit Sauerampfer-Limetten-Öl beträufeln. 15 Minuten ziehen lassen. Mit gehobeltem Parmesan servieren.

Rucola-Dattel-Salat

mit Tofu, Grapefruitcarpaccio und Pinienkernen
von Emre Demiryüleyen

2 rosa Grapefruits
4 EL türkischer Joghurt (10 % Fett)
5–6 EL Olivenöl
3 EL Weißweinessig
½ EL Sesamöl
1 Limette
4 EL fein geschnittene Schnitt-
   lauchröllchen
½ TL gemahlene Koriandersaat
Salz, Zucker, schwarzer Pfeffer,
   Cayennepfeffer
100 g getrocknete entkernte Datteln
½ Bund Rucola
300 g Tofu
4 EL geröstete Pinienkerne

Grapefruits so schälen, dass die weiße Haut vollständig entfernt ist. Dann in dünne Scheiben schneiden und rosettenartig auf vier Teller verteilen. Den beim Schneiden entstandenen Saft auffangen und zusammen mit dem Joghurt, 4 EL Olivenöl, Weißweinessig, Sesamöl, Saft und fein geriebener Schale von ½ Limette, Schnittlauch und dem Koriander zu einer Marinade verrühren. Mit Salz, Pfeffer und Cayennepfeffer abschmecken.

Die Datteln fein würfeln, den Rucola waschen und trocken schleudern. Den Tofu in Würfel schneiden, in Mehl wenden, überschüssiges Mehl abklopfen und in 1–2 EL Olivenöl kurz anbraten. Mit Salz, Pfeffer und Cayennepfeffer würzen.
Je 1–2 EL von der Marinade über das Grapefruitcarpaccio geben.
Die restliche Marinade mit den Datteln verrühren und den Rucola untermengen. Den Salat in der Mitte der Teller anrichten und die Tofuwürfel daraufsetzen. Die Pinienkerne über die Teller streuen.

Sauerampfer-Bohnen-Salat

250 g große, dicke, weiße Bohnen
2 l Gemüsebrühe
2 große Möhren
2 Handvoll Sauerampfer, großer,
    französischer oder römischer
    Schildampfer
1 Handvoll Korinthen
Salz, Pfeffer, Muskat
1 EL Essig, 2 EL Öl
1 EL Kapern

Die Bohnen über Nacht einweichen.

Dann in reichlich Gemüsebrühe weich kochen, abgießen und die Brühe auffangen. In der Brühe die klein geschnittenen Möhren nicht zu weich kochen, abgießen und die Brühe wieder auffangen. Nun die Korinthen in der Brühe einweichen.

Den Sauerampfer waschen, trocknen und klein schneiden. Mit den erkalteten Bohnen, Korinthen und Möhren mischen. Mit Salz, Pfeffer, Essig, Öl und Muskat abschmecken und nach Geschmack Kapern darüber streuen.

Wildkräuter-Salatmischung

Im Frühling

Bärlauch, Löwenzahn, Giersch, Sauerampfer, Knoblauchsrauke, Gänseblümchen, Spitzwegerich, Hirschhornwegerich, Pimpinelle, Wiesenkerbel, Hirtentäschel, Vogelmiere, Schildampfer, Blutampfer

Im Sommer kommen dazu

Rucola, Schwarzwurzelblätter, alle Sorten Melde, Erdbeerspinat, Amarant, Schafgarbe

... und im Winter kann der Salat bereichert werden durch

Felsenblümchen, Brunnenkresse, Portulak, Postelein, panaschiertes Barbarakraut.

Spezialdressing

für Wildkräutersalat

¼ l dunkler Balsamico
¼ l Rapsöl
1 TL Steinsalz
½ TL Pfeffer
1 Spritzer Flüssigwürze
5–7 Stängel Brennnesseln
1 Tasse schwarze Johannis- oder Aroniabeeren

Alle Zutaten in einen Mixer füllen und fein pürieren. Dann durch ein Sieb streichen und abschmecken. Sollte die Masse zu dickflüssig sein, etwas Essig, Öl oder Wasser dazugeben und nochmals abschmecken. In eine Karaffe füllen und zum Salat reichen.

Naturkräutergarten-Variante

der Neun-Kräuter-Suppe

je 1 Handvoll Brennnessel, Bärlauch
  oder Knoblauchsrauke, Giersch,
  Gänseblümchen, Löwenzahn,
  Schafgarbe, Vogelmiere, Wegeriche
8–10 Gundelrebenblätter
2 Zwiebeln, 2 EL Olivenöl
2 EL Dinkelmehl, 1 l Gemüsebouillon
Pfeffer, Kräutersalz, Muskatnuss

Die Kräuter waschen, abtropfen lassen und fein schneiden. Zwiebeln fein hacken und im Öl andünsten. Danach das Dinkelmehl darüberstreuen und unter ständigem Rühren die Gemüsebrühe langsam dazugießen. Die Suppe kurz aufkochen und dann für etwa fünf Minuten weiter köcheln lassen. Die Kräuter dazugeben und kurz ziehen lassen. Zum Schluss die Gänseblümchen darüber streuen und mit Kräutersalz und Pfeffer abschmecken. Je nach Geschmack die Suppe passieren und Sahne oder Crème fraîche dazugeben.

Tomaten-Kräuter-Cremesuppe

1 kg sehr reife Tomaten
3 Zwiebeln, 5 Knoblauchzehen
2 EL Olivenöl
1 Handvoll Lauch, Oregano, Thymian,
  Liebstöckel, Majoran, Basilikum
1 ½ l Wasser, 1 EL Gemüsebrühpulver
3–4 kleine Kartoffeln
Salz, Pfeffer, Muskatnuss

Die Zwiebeln würfeln und die Knoblauchzehen andrücken. Mit den Tomaten in Olivenöl andünsten. Die Kartoffeln klein schneiden und mit dem Suppengrün unter die Tomaten rühren, mit Wasser ablöschen. Alles kochen bis die Kartoffeln weich sind. Zum Schluss die Kräuter dazugeben, pürieren und eventuell durchsieben. Die Suppe mit Salz, Pfeffer und Muskat abschmecken.

Brennnessel-Kokos-Suppe
von Iris Laib

1 Zwiebel, 500 g Brennnesselspitzen
4 EL Olivenöl, 1 l Gemüsebrühe
200 ml Kokosmilch
4 EL geschlagene Sahne
Brennnesselsamen vom Vorjahr,
  trocken geröstet

Die Zwiebel fein würfeln und mit den Brennnesselspitzen in Olivenöl andünsten. Mit Gemüsebrühe ablöschen und ca. 15 Minuten köcheln lassen. Die Kokosmilch unterziehen und die Suppe im Mixer schaumig pürieren. In Suppentellern anrichten und jeweils mit einem Häubchen geschlagener Sahne und einer Prise trocken gerösteter Brennnesselsamen servieren.

Grüne Gemüse-Kräutersuppe
von Bernhard Tintemann

4–5 Scheiben trockenes Weißbrot
vom Vortag

4 reife Strauchtomaten

1 Salatgurke

1 grüne geschälte und entkernte
Paprikaschote

80 g Spinatsalat

1 Bund Blattpetersilie, gezupft

ca. 200–250 g Naturkräutermischung
aus Sauerampfer, Rauke, Bärlauch, Basilikum, Brunnenkresse,
Vogelmiere, Wiesenkerbel

75 ml Olivenöl

30 ml Traubenkernöl

Salz, Pfeffer

einige Spritzer Weißweinessig

200 g Schmand

Kapuzinerkresseblüten
zum Garnieren

Vom Weißbrot die Rinde entfernen und die Scheiben im Mixer zerkleinern.

Das Gemüse in grobe Stücke schneiden, dabei einen Teil der Paprika und
Gurke in kleine Würfel geschnitten für die Garnitur beiseite stellen. Das
Gemüse in einem Mixer zusammen mit 2–3 Prisen Salz pürieren. Spinat
und Blattpetersilie in kochendem Salzwasser blanchieren und in Eiswasser
abschrecken. Beides gut ausdrücken und zusammen mit den gesäuberten
Naturkräutern im Mixer fein pürieren. Mit dem pürierten Gemüse verrühren. Zum Schluss die Weißbrotbrösel sowie die beiden Öle kurz untermixen und mit den Gewürzen und dem Essig abschmecken. Die Suppe bis
zum Verzehr kalt stellen.

Die Suppe in Tassen oder tiefe Teller füllen und einen Löffel Schmand in
die Mitte geben. Mit den Gemüsewürfelchen, gezupften Kräutern und den
Kresseblüten garnieren.

Ziegenfrischkäse

mit Gundermann und Quitten-Kürbis-Salat
von Bernhard Tintemann

für die Ziegenfrischkäserolle
75 g Kürbiskerne
1 EL Zitronensaft
¼ TL Kräutersalz (oder Meersalz)
1 Prise Cayennepfeffer
250 g Ziegenfrischkäse
Ca. 30 g Gundermannblätter

für den Quitten-Kürbis-Salat
125 ml Apfelessig
125 ml trockener Riesling
150 g brauner Zucker
10 g Ingwerwurzel, 1 Lorbeerblatt
3 Pimentkörner, 1 TL Senfsaat
1 Macisblüte, 2 Kardamomkapseln
½ Zimtstange, 1 Sternanis
300 g Quitten, 500 g Hokkaidokürbis
1 TL Senf
3 EL weißer Balsamico,
2 EL Wasser
1 TL Rohrzucker
½ TL Kräutersalz (oder Meersalz)
1 EL Thymianblättchen
½ TL fein gehackte Schalottenwürfel
1 TL frisch gemahlener Pfeffer
3 EL Kürbiskernöl
Gemischter Blattsalat der Saison
   (z.B. Feldsalat, Radicchio, Frisee)
4 EL Radieschensprossen
2 EL Kürbiskerne

Kürbiskerne in einer Pfanne ohne Fett anrösten, mit einem Gemisch aus Zitronensaft, Kräutersalz und Cayennepfeffer besprenkeln und mit der Nachwärme kurz weiter rösten. Zum Abkühlen auf einen Teller streuen. 2/3 der Kürbiskerne fein hacken. Die Gundermannblätter in feine Streifen schneiden und kurz mit einem scharfen Messer durchhacken (nicht zu lange, sonst werden sie matschig und schmecken bitter!). Mit dem Ziegenfrischkäse vermengen, falls nötig mit Kräutersalz, Cayennepfeffer und Zitronensaft abschmecken und zu einer ca. 3 cm dicken Rolle formen. Die Rolle in den gehackten Kürbiskernen wälzen, in 12 Scheiben schneiden und kühl stellen.

Apfelessig, Riesling, Zucker und Gewürze in einen Topf geben und aufkochen. Die Quitte schälen, das Kerngehäuse entfernen und in Spalten schneiden. Den Kürbis ebenfalls schälen und erst in 5 mm dicke Scheiben und dann in gleichmäßige Rauten schneiden. Als erstes die Quitten im Sud bissfest garen (ca. 2 Minuten), anschließend den Kürbis zu den Quitten geben, den Topf von der Kochstelle nehmen und im Sud auskühlen lassen.

Für die Vinaigrette Senf, Balsamico, Wasser, Rohrzucker, Kräutersalz, Thymian und Pfeffer gut verrühren, zum Schluss Kürbiskernöl mit einem Schneebesen einrühren. Quitten und Kürbis aus dem Fond nehmen und in etwas Vinaigrette marinieren.

Den Kürbissalat in der Tellermitte anrichten und dabei die Quittenspalten sternförmig arrangieren. Je 2 Ziegenkäsetaler dazulegen. Blattsalate waschen, trocken schleudern und mit der Vinaigrette esslöffelweise marinieren. Kleine Bouquettes an die Ziegenkäsetaler setzen. Mit Sprossen und gerösteten Kürbiskernen verzieren und mit ein paar Tropfen Kürbiskernöl garnieren.

6 x 6 Bratlinge

6 Körner: ca. 300 g (gesamt) Körner bzw. Flocken von Dinkel, Hafer, Hirse, Buchweizen, Roggen und Grünkern

6 Kerne: ca. 100 g (gesamt) Mandeln, Aprikosenkerne, Sesam, Sonnenblumenkerne, Pistazien, Pinienkerne, gemahlen oder gehackt

6 Kräuter: ca. 1 ½ Tassen (gesamt) Petersilie, Lauch, Liebstöckel, Ysop, Majoran, Kerbel

6 Gewürze: Salz, Pfeffer, Muskat, Senf, Paprika, ca. 2 Tassen Gemüsebrühe

6 Gemüse: ca. 1 Tasse (gesamt) Möhren, Lauch, Kohlrabi, Pastinake, Zucchini, Kürbis, ganz fein geschnitten

Die Körner mit der Gemüsebrühe übergießen, etwas ziehen lassen und dann alle anderen Zutaten dazugeben. Alles miteinander verkneten, etwas stehen lassen und abschmecken. Sollte die Masse zu feucht sein, etwas Dinkelmehl dazugeben, ist sie zu trocken, etwas Wasser oder Brühe dazugeben. Aus der Masse Plätzchen formen und in einer Pfanne von jeder Seite 6 Minuten goldbraun braten.

Kräuterkartoffelpuffer

1 kg Kartoffeln
1 Zwiebel
Salz, Pfeffer, Muskat
Öl zum Ausbacken
1–2 EL Speisestärke
1 Ei
1 Handvoll Kräuter, z.B. Bärlauch
(im Frühjahr), Schnittlauch,
Weinbergslauch, Schnittknoblauch, Petersilie, Liebstöckel, Bärenklau, Dill, Fenchel, Schafgarbe

Die Kartoffeln waschen, schälen und reiben. Die Zwiebel ebenfalls reiben und mit den Kartoffeln mischen. Je nach Flüssigkeitsansammlung
die Stärke dazurühren und würzen. Die Kräuter waschen, verlesen, abtrocknen, klein schneiden und unter die Kartoffelmasse heben. In einer
Pfanne Öl zum Ausbacken erhitzen, aus der Kartoffelmasse Puffer formen
und von beiden Seiten goldbraun herausbacken.

Dinkeldoldenbratling (vegan)

250 g Biodinkelflocken
250 ml Gemüsebrühe
je 25 g Sesam, Sonnenblumenkerne,
Leinsamen, Mandelblättchen
Kräuter zu gleichen Teilen (je ca.
5 g): Petersilie, Koriander, Nadelkerbel, Kerbel, Giersch, Wiesenkerbel, Liebstöckel, Schnittlauch
oder andere Laucharten
je 30 g Möhre, Pastinake, Sellerie
Salz, Pfeffer, Muskat
Rapsöl

Die heiße Gemüsebrühe über die Flocken gießen und mindestens 1 Stunde
ziehen lassen.
Gemüse und Kräuter waschen, abtrocknen und klein hacken. Mit den Flocken und den Kernen mischen und alles würzen. Etwas ziehen lassen und
nochmal abschmecken, dann gut durchkneten. Aus der Masse Bratlinge
formen und in einer Pfanne mit dem Rapsöl bei mäßiger Hitzezufuhr von
beiden Seiten goldbraun braten.
Mit Wildkräutersalat oder einem anderen Salat anrichten.

Damwild-Kräuter-Frikadellen

250 g Damwildhackfleisch

2 dicke Zwiebeln

Salz, Pfeffer, Paprikapulver, scharfer Senf

etwas Mehl, Flocken oder eingeweichte Brötchen vom Vortag

Kräuter (volumenmäßig so viel wie die Fleischmasse): Sauerampfer, Winterheckenzwiebel, Schnittlauch, Gundermann, Kerbel, Spitzwegerich, Pimpinelle zu gleichen Teilen

Die Kräuter waschen, abtrocknen und klein hacken. Die Zwiebeln sehr fein hacken und zusammen mit den Kräutern und dem Hackfleisch vermengen. Alles würzen und mit dem Ei und dem Brötchen verkneten. Die Masse abschmecken. Zu Frikadellen formen und mit etwas Öl braten.

Schweinefilet in Kräuterkruste
von Katrin de Jong

100 g Paniermehl
100 ml Milch
200 g Wildkräuterpesto (Brennnessel,
  Giersch, Vogelmiere, Kresse, Petersilie, Thymian oder Rosmarin)
1 TL Fenchelsamen
80 g geriebener Parmesan
1 kg Schweinefilet
1 EL Öl, Salz, Pfeffer

Paniermehl mit Milch, Pesto, Fenchelsamen und dem geriebenen Parmesan krümelig verkneten. Das Schweinefilet mit Salz und Pfeffer würzen, auf ein geöltes Blech legen und die Kräutermasse darauf verteilen. Im Backofen 10–15 Minuten grillen.

Holunder-Rotwein-Sauce
von Katrin de Jong

150 ml Rotwein
150 ml Holunderbeerensaft
100 g kalte Butter

Rotwein und Holunderbeerensaft auf die Hälfte einreduzieren lassen, danach die eiskalte Butter in die heiße Sauce rühren und nicht mehr kochen lassen.

Brennnesselpüree von Katrin de Jong

5 mittelgroße mehlig kochende
  Kartoffeln
150 g frische Brennnesselspitzen
1 Knoblauchzehe
1 Stück Butter
Salz, frisch gemahlener Pfeffer,
  Muskatnuss

Kartoffeln kochen und abgießen. Das Wasser in einem Topf auffangen. Kartoffeln mit etwas Kartoffelwasser stampfen, sodass ein geschmeidiges Püree entsteht. Den Knoblauch sehr fein schneiden und mit der Butter zum Kartoffelpüree geben. Das Püree würzen. Nun die sehr fein geschnittenen Brennnesselblätter unterheben.
Nicht mehr kochen!

Wildkräutersalat

in Orangendressing mit Schoko-Maispoularde
von Michael Krause

für die Poularde
½ Chilischote (je nach Geschmack
   etwas weniger)
300 ml dickflüssige Kokosmilch
3 EL Kakaopulver
4 Maispoulardenbrüstchen
Salz, Pfeffer, etwas Öl

für den Salat
600 g gemischte Kräuter, z.B. Rote
   Melde, Löwenzahn, Mangold,
   Sauerampfer, Giersch etc. je nach
   Geschmack
125 ml Öl
125 ml guter Orangensaft oder Blut-
   orangensaft
1 EL heller Balsamico
1 Prise Zucker, Salz, Pfeffer

Chilischote fein hacken und mit der Kokosmilch, dem Kakao und einer Prise Salz gut verrühren. Poulardenbrüstchen in dünne Scheiben schneiden, mit Salz und Pfeffer würzen und in die Schokomarinade legen. In einer Pfanne mit etwas Öl bei niedriger Hitze anbraten.

Die Wildkräuter waschen, trocknen und mischen. Aus Öl, Orangensaft, Balsamico und Zucker ein Dressing rühren, mit Salz und Pfeffer abschmecken und über den Salat geben. Auf einem Teller anrichten und zum Schluss die Schoko-Maispoularde darauflegen.

Windbeutelchen mit Bärlauch-Quark

für die Windbeutel (Brandteig)
¼ l Wasser, 50 g Butter
150 g Mehl, 30 g Speisestärke
3–4 Eier

für die Füllung
1 Handvoll Hauptkraut (je nach
    Jahreszeit z.B. Bärlauch, Estragon
    oder Ysop), fein gehackt
1 Handvoll weitere Kräuter (z.B.
    Weinbergslauch, Schnittlauch,
    Giersch, Spitzwegerich, Hirsch-
    hornwegerich, Vogelmiere, Wie-
    senkerbel, Brennnessel, etc.), fein
    gehackt
250 g Frischkäse, 200 g Schmand
Salz, Pfeffer

Wasser und Butter in einem Topf zum Kochen bringen. Mehl und Stärke dazurühren, bis sich ein Kloß vom Boden löst. In eine Rührschüssel geben und nach und nach die Eier unterrühren. Kleine Häufchen auf ein Backblech setzen und im vorgeheizten Backofen bei 150 °C ca. 30 Minuten backen. Noch heiß aufschneiden und abkühlen lassen.
Kräuter fein hacken, mit dem Frischkäse und dem Schmand verrühren und abschmecken. Die Windbeutel damit füllen.

Brennnessel-Spargel-Risotto
von Iris Laib

200 g Riso Vialone oder Canaroli
400 g Spargelspitzen, weiß-violett
400 ml Gemüse- oder Hühnerbrühe
100 ml Kokosmilch
4 Handvoll junge Brennnesselspit-
    zen (ca. 80 g)
1 Bd. Frühlingszwiebeln
6 EL Olivenöl, 60 g Schmand
80 g Parmesan
Fleur de Sel, Zitronenpfeffer

Die fein geschnittenen Frühlingszwiebeln mit den Spargelspitzen in Olivenöl andünsten, Reis zugeben und unter ständigem Rühren glasig dünsten. Mit Weißwein ablöschen, einziehen lassen. Dann die Gemüse- oder Hühnerbrühe langsam – Schöpfkellenweise – zugeben, dabei immer wieder rühren. Zum Schluss die Kokosmilch unterrühren. Von der Flamme nehmen. Die gehackten Brennnesselspitzen in 2 EL Olivenöl andünsten, zum Reis geben. Schmand unterheben. Mit etwas Fleur de Sel und Zitronenpfeffer abschmecken. Zum Servieren Parmesan in Spänen – mit dem Trüffelhobel – darüber geben.

Gierschquiche

250 g Mehl, 130 g Butter
90 ml Wasser, ½ TL Salz
2 Handvoll junge Gierschblätter
je 1 Handvoll geschnittenen Lauch,
    Liebstöckel, Kräuter nach Wahl
250 ml Gemüsebrühe
200 g Schmand oder Crème fraîche
3 Eier, Salz, Pfeffer, Muskatnuss

Aus Mehl, Butter, Wasser und Salz einen glatten Teig kneten, in Folie wickeln und eine halbe Stunde kühl lagern. Dann ausrollen und in eine vorbereitete Springform legen. Giersch und Kräuter darauf verteilen.

Die Gemüsebrühe mit dem Schmand und den Eiern verquirlen und mit Salz, Pfeffer und Muskatnuss würzen. Alles über den Giersch gießen. Im vorgeheizten Ofen bei bei 150 °C ca. 1 Stunde backen, bis die Eimasse gestockt ist.

Wild- & Gartenkräuterquiche
von Ikaf Faber

für den Mürbeteig
200 g Dinkelmehl
100 g kalte Butter
1 Prise Salz
50 ml Mineralwasser

für den Belag
300 g gemischte Wild- und Gar-
    tenkräuter wie Brennessel,
    Knoblauchsrauke, Wiesenkerbel,
    Petersilie, Majoran, Salbei ...
1 Bund Frühlingszwiebeln
2 Knoblauchzehen
200 g Feta
2 Eier
250 ml Sahne
Meersalz
Salbeiblüten zum Verzieren

Mehl, Butter, Salz und Mineralwasser rasch zu einem glatten Teig verkneten, ausrollen und in die gefettete Quicheform geben, dabei den Rand hochziehen. Den Teig mit einer Gabel mehrfach einstechen und 1 Stunde im Kühlschrank ruhen lassen.

Inzwischen die Kräuter waschen, trocknen und grob hacken. Die Frühlingszwiebel in Ringe schneiden, den Knoblauch fein hacken. Kräuter, Frühlingszwiebeln und Knoblauch kurz in der Pfanne anschmoren. Eier, Sahne und Salz verrühren. Den Feta in kleine Würfel schneiden oder zerkrümeln. Die Kräutermasse und die Fetawürfel auf dem Quicheboden verteilen. Die Eiersahne darübergießen und im vorgeheizten Backofen bei 200 °C für ca. 35 Minuten backen, bis die Eimasse gestockt ist. Mit Salbeiblüten bestreut servieren. Die Quiche schmeckt warm oder kalt.

Weber's Kärntner Kasnudeln

mit Wiesenkerbel von Martin Steiner

für den Nudelteig
400 g glattes Weizenmehl
1 Ei, 150 ml Wasser
1 EL Olivenöl
Salz
1 Ei zum Bestreichen

für die Füllung
1 kleine Zwiebel, 70 g Butter
130 g Semmelwürfel
500 g Quark (Bröseltopfen)
200 ml Milch
100 g gekochte Kartoffeln
2 EL Minzblätter
2 EL Wiesenkerbel
1 EL Schnittlauch
1 EL Blattpetersilie
Salz, Pfeffer
80 g Butter zum Begießen

Mehl, Ei, Wasser, Öl und Salz zu einem glatten Nudelteig verkneten, 20 Minuten ruhen lassen, dann dünn ausrollen.

Die Zwiebel fein hacken und in Butter leicht rösten. Semmelwürfel und Quark mit Milch begießen, leicht vermengen. Zwiebeln beigeben. Kartoffeln passieren, Kräuter hacken (1 EL Minzblätter aufheben) und der Quarkmasse beigeben, durchrühren. Ca. 40 g schwere Kugeln formen.

Die Kugeln in ausreichendem Abstand nebeneinander am unteren Ende auf den Nudelteig legen, die Teigrändern mit verquirltem Ei bestreichen. Den Teig darüberklappen und rundum fest anpressen. Mit einem runden Ausstecher ca. 6 cm große halbmondförmige Taschen ausstechen. Ränder fest andrücken und wellenartig abdichten. In siedendem Wasser ca. 15 Minuten kochen, aus dem Wasser heben und abtropfen lassen. Die restliche Butter mit der übrigen gehackten Minze anbräunen und über die Nudeln gießen.

Kichererbsenbratlinge

250 g getrocknete Kichererbsen
Lorbeerblatt
Thymian
Liebstöckel
Spitzwegerichblätter
Salz, Pfeffer, Muskat
Gemüsebrühe oder Flüssigwürze

Kichererbsen über Nacht einweichen.

Mit Lorbeer, Thymian und Liebstöckel in etwas Wasser weich kochen. Nach dem Kochen die Kräuter entfernen. Die Kichererbsen mit den Spitzwegerichblättern pürieren und abschmecken. Je nach Konsistenz etwas Gemüsebrühe dazugeben. Die Masse zu Plätzchen formen und von beiden Seiten braten.

Dazu passt Wildkräutersalat, Kräuterquark, Wildkräuterpesto oder Rote-Bete-Salat.

Wildkräuterpesto

ergibt ca. 5 Gläser à ca. 100 ml

80 g **Mandeln oder Walnüsse**

15 g **Löwenzahn** – bitter, herb

10 g **Pimpinelle** – nussig

20 g **Bärlauch, Knoblauchsrauke oder Schnittknoblauch** – knoblauch

20 g **Brennnessel** – saftig-süß

20 g **Spitzwegerich oder Taubnessel** – champignon

20 g **Postelein, Vogelmiere oder Melde** – salatig, erbsig fein

20 g **Sauerampfer** – sauer

30 g **Giersch** – möhrig süß

15 g **Beinwell oder Borretsch** – gurkig

10 g **Felsenblümchen oder Pfefferkraut** – süß-scharf zum Abrunden!

400 ml **Raps- oder Olivenöl**

6 g **Ursalz, Himalayasalz oder Meersalz**

etwas **Pfeffer zum Abschmecken**

Mandeln oder Walnüsse ohne Öl in einer Pfanne kurz rösten und erkalten lassen. Kräuter grob klein schneiden, dann mit dem Öl und dem Salz in einem Mixer oder Blender zerkleinern, die Nüsse hinzufügen, pürieren und abschmecken.

Gebratenes Zanderfilet

mit Bärlauch-Rucola-Pesto im Knuspermantel auf Kräuterzabaione von Oliver Viehl

für das Pesto
3 EL Pinienkerne, 150 g Cornflakes
1 Bund Bärlauch, 1 Bund Rucola
100 ml Olivenöl
50 g frisch geriebener Parmesan
Salz, Chili aus der Gewürzmühle

800 g Zanderfilet ohne Haut
Saft einer Zitrone, Meersalz, Pfeffer
Brik-Teig (aus dem Feinkostladen)
3 EL Olivenöl, 1 EL geklärte Butter

für die Kräuterzabaione
4 Eigelb
50 ml Noilly Prat, 50 ml Fischfond
150 ml trockener Weißwein
Salz, Pfeffer
50 g eiskalte Butter
je 1 EL Blattpetersilie, Kerbel,
    Estragon, Schnittlauch

Pinienkerne in einer Pfanne ohne Fett rösten. Zusammen mit den Cornflakes, dem Bärlauch, dem Rucola, Olivenöl und Parmesan mit dem Pürierstab fein mixen. Mit Salz und Chili abschmecken.

Das Zanderfilet waschen, trocken tupfen und in 4 gleich große Stücke schneiden. Mit dem Zitronensaft beträufeln und mit Salz und Pfeffer würzen. Die Fischfilets mit Pesto bestreichen und in Brik-Teig einschlagen. Die Fischpäckchen in Olivenöl und geklärter Butter vorsichtig von beiden Seiten in einer Pfanne anbraten und anschließend 10 Minuten bei 170 °C in Backofen garen.

Für die Zabaione die Eigelbe, Noilly Prat, Fischfond, Weißwein, Salz und Pfeffer über einem Wasserbad cremig aufschlagen. 50 g eiskalte Butter in kleine Würfeln schneiden und in die Zabaione einrühren. Die Kräuter fein hacken und unterrühren. Zusammen mit den Fischpäckchen anrichten.

Frühlingswiesenbutter
von Ikaf Faber

250 g weiche Butter, 3 EL Olivenöl
2 Handvoll zarte junge Wiesen-
    kräuter und -blüten wie Sauer-
    ampfer, Schafgarbe, Pimpinelle,
    Löwenzahn, Vogelmiere oder
    Frauenmantel, Taubnessel- und
    Veilchenblüten, Gänseblümchen
    und wilde Primel
Salz

Die Wildkräuter verlesen und fein hacken. Die weiche Butter mit dem Olivenöl verrühren und die Kräuter untermengen. Die Blütenblätter abzupfen und ebenfalls untermischen. Mit etwas Salz abschmecken.

Möhren-Giersch-Kuchen

4 Eier

1 Prise Salz

100 g Zucker

Saft einer halben Zitronen

Zitronenzesten von einer unge-
    spritzten Zitrone

je 50 g Mehl, gemahlene Nüsse,
    Maisgrieß, gemahlene Aprikosen-
    kerne und Speisestärke

1 TL Backpulver

200 g Möhren

2 reichliche Handvoll junge
    Gierschblätter

je 1 Prise gemahlene Nelken und
    Zimt

Die Eier trennen und das Eiweiß mit einer Prise Salz steif schlagen. Die Eigelbe mit dem Zucker, dem Zitronensaft und den Zesten schaumig schlagen, bis die Masse weiß und cremig ist. Mehl-Nuss-Mischung mit dem Backpulver mischen und unter die Eigelbmasse heben. Die Möhren raspeln und die Gierschblätter klein schneiden. Beides unter den Teig rühren und mit Zimt und Nelkenpulver würzen. Das Eiweiß unterheben und die Masse in eine gefettete Springform füllen. Bei 150 °C im vorgeheizten Backofen auf mittlerer Schiene ca. 1 Stunde backen. Stäbchenprobe nicht vergessen!

Baklava von Kirschen und Pistazien von Emre Demiryüleyen

32 Filoteigblätter (oder Strudelteig),
    ca. 7 cm x 7 cm

2 Eiweiß

250 g entkernte frische Süßkirschen

1 EL Puderzucker

1 Päckchen Vanillezucker

100 g weiße Schokolade

100 g Pistaziengrieß

100 g geschlagene Sahne

Orangenblütenwasser

Die Teigblättchen leicht mit Eiweiß bestreichen und je zwei aufeinander legen. Dann auf einem geölten Blech im vorgeheizten Ofen bei 165 °C ca. 10 Minuten goldgelb backen.

Die Kirschen mit etwas Puderzucker und Vanillezucker marinieren und ziehen lassen.

Die Schokolade schmelzen und den Pistaziengrieß dazugeben. Nach dem Abkühlen die geschlagene Sahne unterheben, mit einigen Spritzern Orangenblütenwasser aromatisieren und im Kühlschrank fest werden lassen.

Die Teigblätter mit der kalten Pistazien-Schokoladenmasse und den Kirschen abwechselnd aufschichten.

Schildampfer-Parfait

mit Szechuan-Kirsch-Sud von Harald Rüssel

für das Parfait

80 g dunkle Kuvertüre

3 Eier

75 g Zucker

250 ml Sahne

50 g Schildampferblätter

10 Minzeblätter

1 cl Minzlikör

für den Kirsch-Sud

250 g entsteinte Süßkirschen

¼ l Kirschsaft

150 g Zucker

5 g Szechuanpfeffer

2 g Koriandersamen

1 Prise Zimt

1 Spritzer Tabasco

Saft von einer Zitrone

20 ml Kirschwasser

Die Kuvertüre im Wasserbad schmelzen, als Sockel auf ein Backpapier streichen und anschließend Ringe (Ø 4 cm) daraufsetzen. Die Eier trennen und die Eiweiß mit 50 g Zucker aufschlagen. Eigelb und den restlichen Zucker auf einem warmen Wasserbad warm aufschlagen, bis eine cremige Masse entstanden ist. Anschließend die Masse in einem kalten Wasserbad weiterschlagen, bis sie abgekühlt ist. Die Schildampferblätter zupfen, klein schneiden und mit den Minzeblättern unter die Masse heben. Vorsichtig das geschlagene Eiweiß und den Minzlikör unterheben. Anschließend die Sahne steif schlagen und ebenfalls unterheben.

Die fertige Parfaitmasse in die mit Kuvertüre vorbereiteten Ringe geben und einfrieren (ca. 4 Stunden).

Zucker karamellisieren und mit Kirschsaft ablöschen. Die Gewürze im Mörser zerkleinern, zum Kirschsaft hinzugeben und leicht köcheln. 50 g Kirschen mitkochen, Kirschwasser und Zitrone hinzugeben. 30 Minuten ziehen lassen, durch ein großes Sieb passieren und die restlichen Kirschen als Einlage hinzugeben.

Das fertige Parfait auf einem Teller anrichten und mit dem Kirsch-Sud umgeben.

Energieplätzchen

300 g Butter

125 g Puderzucker

1 Prise Salz

Vanillezucker

2 Eigelbe

250 g gemahlene Walnüsse

500 g Mehl

1 Tasse geröstete Brennnesselsamen

Die Butter schaumig rühren, Vanillezucker, Puderzucker, Salz und Eigelb unterrühren. Die Masse mit Mehl, Walnüssen und Brennnesselsamen verkneten. Kleine Bällchen formen, auf ein gefettetes Backblech drücken und zu kleinen Hügelchen formen. Im vorgeheizten Ofen bei 170 °C 20 Minuten backen, bis eine leichte Bräune zu sehen ist.

Verzuckerte Veilchen

50 saubere kleine blaue duftende
  Veilchen
1 ganz frisches Eiweiß
50 g feinster Kristallzucker

Mit einem feinen, guten Haarpinsel (er darf keine Haare verlieren!) etwas vom Eiweiß in einem Porzellantellerchen aufschäumen. Sofort die einzelne Blüte damit von beiden Seiten einstreichen und ganz kurz und leicht in den Kristallzucker tupfen. Anschließend auf Pergamentpapier trocknen lassen.

Löwenzahnblütenhonig
von Carina Köck

ergibt 10 Gläser à 200 g
200–300 g Löwenzahnblüten
1 l Wasser
1–2 unbehandelte Zitronen
1 kg Zucker

Von den Blüten soweit möglich alles Grüne abschneiden.
Kaltes Wasser mit den Blüten und in Scheiben geschnittenen Zitronen ca. 15 Minuten kochen und über Nacht stehen lassen.
Am nächsten Tag alles durch ein Tuch seihen. Den Zucker in den Saft einrühren und bei niedriger Hitze langsam sirupartig einkochen lassen. Noch heiß in saubere Schraubgläser füllen.
Schmeckt sehr kräftig und malzig.

Wildkräuter-Teemischung

zu gleichen Teilen, insgesamt
  1 Handvoll pro Liter:
Giersch, Brennnessel, Hornveil-
  chen, Katzenminze, Schafgarbe,
  Frauenmantel, Himbeerblätter,
  Anisagastache oder Goldnessel
  (Monarde), Gänseblümchen, Zitro-
  nenmelisse, Engelwurz (je 1 Teil
  Blatt und 1 Teil Stängel)

Kräuter mit kochendem Wasser aufgießen und mindestens 10 Minuten ziehen lassen. Die Kräuter können sowohl getrocknet als auch frisch verwendet werden. Die Mischung lässt sich mehrmals über den Tag verteilt aufgießen.

Von **Mai** bis

Juni im Kräuterjahr

„Wir feiern draußen.“

Mittsommer-kräuter

Jetzt finden wir auf Wiesen

- Bärenklau
- Kleblabkraut
- Knoblauchsrauke
- Pimpinelle
- Löwenzahn
- Spitzwegerich
- Sauerampfer
- Nadelkerbel am Ackerrand
- Süßdolde in Mitteldeutschland
- Vogelmiere

Im lichten Laubwald

- Waldmeister und Engelwurz
- Blüten vom Bärlauch – lecker!
- am Waldrand Bärwurz

Im Garten oder auf dem Balkon

- Erdbeerspinat
- Estragon
- Fenchel
- Bronzefenchel
- Koriander
- Liebstöckel
- Melde
- Nadelkerbel
- Petersilie
- Rucola
- Süßdolde

Doldengewächse und Mittsommerkräuter

Wie ergründet man, warum man irgendeine Vorliebe für etwas hat? Warum mag ich Doldengewächse oder rotblättrige Pflanzen besonders gerne? Drängen sie sich mir auf, weil ich sie aus medizinischem, seelischem oder vielleicht emotionalem Grunde brauche?

Eher ist es vielleicht an der Zeit, über diese Fragestellung als solche nachzudenken oder sie einfach mal ad acta zu legen und zu konstatieren, dass es doch egal ist: Ich liebe eben Doldengewächse und Punkt.

Der Mensch gründelt halt gerne tief pfahlwurzelnd oder strebt mit seiner Fantasie, den Doldengewächsen gleich, blühend in die Höhe, breitschirmig Sonnenstrahlen tankend. So irdisch und kosmisch bescheiden verankert präsentieren sich die Doldengewächse. Ohne ihre starken Düfte, eindeutigen Aromen, extremen Heilkräfte oder tödlichen Gifte würden wir sie vielleicht ganz und gar übersehen. Zumindest sind meine Nase, mein Gaumen und mein Auge besonders auf diese Gewächse ausgerichtet.

Warum also bemühe ich allerlei Adjektive, um die Aromen und Eigenschaften der Schirmblütler zu beschreiben? Weil ich meine Begeisterung für sie auch teilen will? Warum empfange ich überhaupt Besucher, bastele ein kleines Kräutercafé, involviere meine Eltern und Freunde in das Projekt und schreibe nun auch noch ein Kräuterbuch?

Weil ich meine Begeisterung teilen will! Ich liebe die Gegensätze der Doldenblütler. Sie können filigran wie der Nadelkerbel (*Scandix pecten-veneris*) sein oder wuchtig-bombastisch wie die Herkulesstaude bzw. der Riesenbärenklau (*Heracleum mantegazzianum*). Majestätisch wie die Engelwurzarten (z. B. *Angelica archangelica*, *Angelica gigas* oder *Angelica sylvestris*) oder zart wie der Kerbel (*Anthriscus cerefolium*), der Koriander (*Coriandrum sativum*), der Anis (*Pimpinella anisum*). Sie können giftig wie die Hundspetersilie (*Aethusa cynapium*) oder tödlich wie der gefleckte Schierling (*Conium maculatum*) oder allheilsam wie der Giersch (*Aegopodium podagraria*) sein.

Sie sind lieblich oder heftig, süß oder bitter, heilend oder tödlich, zerbrechlich oder stark, elastisch oder brüchig. Sie spielen mit diesen Gegensätzen und können das alles auch in einer Pflanze als UND, nicht als ODER vereinen und das Ganze auch noch sehr offensichtlich, denn sie sind in ihrer Unscheinbarkeit sehr präsent! Das Auge übersieht vielleicht den Giersch, doch der Gärtner begegnet den enormen und leicht brechenden Wurzelausläufern schnell überall. Der Schierling lässt sich leicht als Kerbelblättriger verwechseln und fordert somit höchste Aufmerksamkeit, um ihn an seinem unangenehmem Geruch und seinen glatten flaumbereiften und rotfleckigen Stängeln zu unterscheiden.

Der zarte Koriander erweckt mit seinem starken Geruch seine Liebhaber, wie mich, oder wird kategorisch als nach Wanzen stinkend abgelehnt. Ähnlich intensiv in Geschmack und Geruch sind Fenchel (*Foeniculum vulgare*), Kümmel (*Carum carvi*), Kreuzkümmel (*Cuminum cyminum*), Liebstöckel (*Levisticum officinale*), Anis und Sellerie (*Apium*), aber auch die Petersilie und der Dill (*Anethum graveolens*), die mit ihren Aromen und Wirkstoffen als klassische Küchen- und Heilkräuter bekannt sind.

Weniger Erfahrung als aromatische Genusskräuter hat man heutzutage mit der Engelwurz, dem Bärwurz (*Meum athamanticum*) und der Süßdolde (*Myrrhis odorata* oder *Scandix odorata*, auch Spanischer Kerbel oder Myrrhenkerbel genannt). Als Schnapszutat finden Engelwurz und Alpenmutterwurz (*Ligusticum mutellina*) regional bekannt Verwendung.

Die Römer allerdings hatten noch ein paar andere Doldengewächse im Programm, wie die Gelbdolde (*Smyrnium olusatrum*), den Asant (*Ferula asa foetida*), den Sesel (*Seseli annuum* oder *Seseli turtuosum*), Ammei (*Ammi majus*) …

Doldengewächse passen gut zu Kartoffeln, Kohl und Zwiebelgewächsen und zwar nicht nur im Magen, sondern auch auf dem Beet. Die Klassiker der Mischkultur sind Blumenkohl mit Sellerie und Möhren mit Zwiebeln.

Mischkulturen

Basilikum: Aubergine, Gurke, Kohl, Kürbis, Lauch, Lilien, Melone, Paprika, Spargel, Tomate, Veilchen, Zucchini, Zwiebel

Bohnenkraut: Bohnen, Mais, Mangold, Obstbäume, Rote Bete, Salat, Zucchini, Zwiebel

Borretsch: Bohnen, Erbsen, Erdbeeren, Gurke, Kartoffel, Kohl, Lauch, Mangold, Rote Bete, Rosen, Salat, Spinat, Zucchini

Brennnessel: Anis, Beerensträucher, Obstbäume, Paprika

Dill: Bohnen, Erdbeeren, Gurke, Kartoffel, Kohl, Mais, Möhre, Rote Bete, Salat, Spargel, Tomate, Zwiebel

Estragon: Bohnen, Erbsen, Gurke, Liebstöckel, Salat, Spinat

Fenchel: Basilikum, Endivien, Erbsen, Feldsalat, Gurke, Kartoffel, Knoblauch, Kürbis, Lauch, Mangold, Salat, Sellerie

Kapuzinerkresse: Beerensträucher, Bohnen, Brokkoli, Kartoffel, Kohl, Lilien, Radi, Rosen, Salat, Schwarzwurzel, Tomate

Kerbel: Gurke, Kohl, Möhre, Radieschen, Salat

Knoblauch: Erdbeeren, Fenchel, Gurke, Lilien, Möhre, Obstbäume, Pfirsich, Rosen, Salat, Schwarzwurzel, Tomate, Tulpen, Wein, Zwiebel

Koriander: Erdbeeren, Gurke, Kohl, Rote Bete

Kümmel: Bohnen, Erbsen, Gurke, Kamille, Kartoffel, Petersilie, Rote Bete, Salat, Sellerie, Spinat

Lavendel: Iris, Lilien, Rosen

Liebstöckel: Estragon, Wein

Löwenzahn: Erdbeeren, Kartoffel, Obstbäume, Rhabarber

Majoran: Brennnessel, Gurke, Möhre, Rosen, Zucchini, Zwiebel

Meerrettich: Kartoffel, Obstbäume

Petersilie: Kartoffel, Kohl, Lauch, Rettich, Schnittlauch, Sellerie, Spargel, Tomate, Zwiebel

Pfefferminze: Brennnessel, Erdbeeren, Frühkartoffel, Kohl, Möhre, Obst, Paprika, Rettich, Rosen, Salat, Tomate

Pimpinelle: passt zu allen Pflanzen

Ringelblume: alle Blumen, Aubergine, Bohnen, Erdbeeren, Fenchel, Gurke, Kartoffel, Kohl, Kopfsalat, Möhre, Paprika, Phlox, Schwarzwurzel, Spargel, Tomate

Rosmarin: Möhre, Rosen, Sellerie, Stauden

Salbei: Brennnessel, Kohl, Möhre, Rosen

Schnittlauch: Erdbeeren, Gurke, Kohl, Möhre, Obst, Petersilie, Pimpinelle, Rosen, Tomate

Schwarzwurzel: Bohnen, Kohl, Lauch, Mais, Möhre, Rettich, Ringelblume, Salat

Sellerie: Blumenkohl, Bohnen, Buchweizen, Kohl, Lauch, Möhre, Rettich, Rote Bete

Sonnenblumen: Gurke, Kohl, Nelken, Pfirsich

Tagetes: alle Blumen, Bohnen, Erdbeeren, Kohl, Kartoffel, Möhre, Rosen, Tomate

Thymian: Möhre, Kohl, Rosen, Stauden

Tulpen: Knoblauch, Thuja, Zwiebel

Veilchen: Basilikum, Erdbeeren, Obstbäume

Weinraute: Stauden, Rosen, Akelei

Wermut: Johannisbeeren, Schafgarbe, Salbei

Ysop: Lavendel, Rosen, Salbei, Thymian

Zitronenmelisse: Brennnessel, Obstbäume, Pfefferminze, Wein

Zwiebeln: Erdbeeren, Feldsalat, Gurke, Knoblauch, Kürbis, Lauch, Mangold, Möhre, Pastinake, Rote Bete, Sellerie, Tomate, Zucchini

Obwohl die Doldenblütler andere Pflanzen in oft majestätischen Größen überragen, scheinen sie eher bescheiden zu sein und verausgaben sich statt in imposantem Blütenfarben und Formen lieber in extravaganten Düften oder in konsequent geometrisch-mathematischen Blattformen: Wenn man sich ein Doldengewächsblatt anschaut, kann man in jedem Abschnitt die Zahl Drei wiederentdecken. Die japanische Petersilie, auch Mitsuba genannt, führt das am deutlichsten vor. Sie hat einfach ein hübsches bis handgroßes dreigeteiltes Blatt. Aber auch der Dill oder die Petersilie haben eigentlich ein Blatt das immer wieder in die Drei zerlegbar ist.

Immer schwingt Leichtigkeit und Schwere in diesen Gewächsen. Sie scheinen sehr luftig zu sein und werden klassisch auch meistens dem Merkur zugeordnet, doch rammen sie tief auch ihre Pfahlwurzeln, wenn vorhanden, in den Boden und verankern sich, um mit ihren grazilen Schirmen nicht abzuheben. Vielleicht ist es genau dieser Aspekt, der mich besonders für diese Pflanzen einnimmt, dass sie eben nicht wirklich genau einzuordnen sind, und genau das sollte man sich einmal auf der Zunge zergehen lassen! Dass sie sich eben nicht festlegen wollen auf ein Element, auf einen Zustand. Sie zeigen uns vielmehr den Wandel, das Spiel mit den Kräften, den Zuständen, dem Wechsel der Gestalt und der Ausrichtung.

Vielleicht ist das auch mit jeder Pflanze so, aber mir scheint, dass die Doldengewächse besonders deutlich auch die vier Elemente aufzeigen, aus denen alles besteht auf dieser Welt; zumindest aus abendländischer Sicht. Wie die meisten Pflanzen wandeln sie Feuer in Lebensenergie mit ihrer Photosynthese um, treten in Wechselspiel mit der Luft zu Gunsten von Tier und Mensch, leben mitten im Wasser oder kommen mit ein paar Tropfen im Jahr aus, verankern sich tief in die Erde oder schweben weit über ihr, um nur ein paar Ideen zu erwähnen.

Ohne die Doldengewächse würden wir wohl auf einige Gaumenfreuden und Labsale auf unserem Speisplan und in unserem Leben verzichten müssen. Angefangen mit den Wurzeln von Sellerie, Möhre, Pastinake wären wir nicht nur kräftiger und kräftigender Suppengrundlagen beraubt, auch einiger wohlschmeckender Beilagen und Salate. Unsere Vorfahren verwendeten noch weitere Wurzelwunder wie die Zuckerwurzel (*Sium sisarum*) und die Knöllchen der Erdkastanie (*Bunium bulbocastanum*).

Angelika – die kleine Hausapotheke

Die Erzengelwurz ist nicht nur klassischer Bestandteil guter Kräuterliköre oder Edelbitter, sondern auch wichtige Zutat des berühmten „Melissengeistes". Sie befeuert nämlich unsere Verdauung und unser Immunsystem gleichermaßen. Außerdem wirkt sie wohltuend und entkrampfend bei Magen-Darm-Beschwerden und lindert aufkommende Erkältungsbeschwerden. Auch Wetterfühligkeit, Spannungskopfschmerzen und Menstruationskrämpfe sprechen auf die Engelwurz an.
Das alles macht sie zur echten „Allrounderin" bei den sogenannten Befindlichkeitsstörungen.

Als Knolle bezeichnet wird auch die Stengelverdickung des Fenchels und auch vom sogenannten Staudensellerie verwendet man die fleischigen Stängel. Was noch vor einigen Jahrzehnten in Cafés als Süßigkeit zu feinen Getränken gereicht wurde, waren kandierte Engelwurzstängel. In einigen europäischen Ländern werden aber auch die Stängel der Gelbdolde oder des Wiesenbärenklaus getrocknet, kandiert oder als Gemüse gekocht genossen.

Die feinen Blätter von Ajowan, Anis, Bärwurz, Dill, Fenchel, Giersch, Kerbel, Koriander, Petersilie, Süßdolde, Venuskamm und Wiesenkerbel oder die kräftigen von Engelwurz, Gelbdolde, Liebstöckel, Mitsuba würzen wie die Samen von Anis, Kümmel, Koriander. Letztere ergeben unseren typischen Brotgeschmack.

Die bekanntesten Doldenblütler sind von kräftigem Aroma mit einem Hauch Süße. Selbst im Sellerie oder im Liebstöckel schwingt eine leichte Süße mit. Scharf, pfeffrig, minzig, salzig findet man unter ihnen wenig oder nur in leichten Nuancen, oft mit einem süßen Hauch. Für die Aromen, in denen sich die Doldengewächse verausgaben, fehlen eigentlich die beschreibenden Worte. Anis schmeckt eben nach Anis und Fenchel nach Fenchel. Und gerade dieses Anis-Fenchel-Lakritzaroma variiert sich lustvoll auch im Engelwurz, im Sellerie oder im Liebstöckel. Und findet sich nicht auch eine Spur davon in einer Speisemöhre oder im Kümmel? Auf jeden Fall sind auch die Erdkastanie, die Pastinake, der Dill, der Giersch und der Bärwurz von zarter Süße durchdrungen. Wie kann man den Geschmack des Dills beschreiben oder den des Kreuzkümmels? Mit den Aromen der Doldengewächse werden oft die Geschmacksrichtungen anderer Kräuter beschrieben, wie zum Beispiel Sternanis oder Anisysop, oder es schmeckt etwas nach Kümmel oder Kreuzkümmel, wie Shiso zum Beispiel.

Übrigens sind Doldengewächse gute Nachbarn zu Kohlgewächsen und das nicht nur im Garten sondern auch im Magen!

Kräuterporträts von Mai bis Mittsommer

Alexanders – vergessenes antikes und klösterliches Gemüse, auch Gelbdolde, Pferde-Eppich oder schwarzer Liebstöckel genannt

(Smyrnium olusatrum) Apiaceae

Über den meist zwei- oder mehrjährigen Alexanders las ich in dem englischen Buch „Wild Food" über Wildkräutergerichte von Roger Phillips zum ersten Mal und fand tatsächlich in einem Sommerurlaub an den Küsten im Südwesten Englands mannshohe Pflanzen zwischen ebenso hohen Meerkohlriesen. Auf den ausgeblichenen Gerippen saßen dicke glänzende schwarze Samen. Davon nahm ich mir reichlich mit nach Deutschland, um einige Pflanzen nachzuziehen. Im zweiten Jahr im Februar schoben sich hellgrüne zarte, sellerieartige Blättchen durch den Frost. Leider haben sie im Hunsrück immer noch nicht geblüht und ich schätze, dass die Vegetationsperiode hier einfach zu kurz ist und sich die Pflanze im Hunsrückklima nicht wirklich wohl fühlt. Ein paar Exemplare ziehe ich im Gewächshaus und hoffe dort auf mehr Erfolg.

Erwähnt finden wir die Pflanze als Nahrungs- und Heilmittel im 4. Jahrhundert vor unserer Zeitrechnung als „hipposelinon" also Pferde-Eppich, Pferdesellerie durch Theophrast.

Einige antike römische Rezepte verwenden die Gelbdolde als Gemüse, die Samen als Pfefferersatz. In manchen Büchern ist der Name übrigens mit Schwarzkohl übersetzt, was darauf zurückzuführen ist, dass in einigen antiken Texten „olus atrum" (schwarzes Gemüse) die Bezeichnung für die Gelbdolde war, woraus oliserus, oleratum, olisatrum etc. wurde bis hin zu alexandrinum. Galen gibt uns den Namen „Smyrnium" und schließlich landen wir beim heutigen botanischen Namen Smyrnium olusatrum.

In englischen Kräuterbüchern steht immer wieder über den Alexanders geschrieben, dass die Römer die Pflanze nach England brachten und dort

Das Bauwagencafé mit seiner Gartenterrasse lockt von Mai bis Oktober mit feinen selbstgemachten Kräutertapas, frisch aus dem Garten geerntet.

als Nahrungsmittel einführten. Tatsächlich ist es eher ein üppiges Doldengewächs, das die Nähe des Mittelmeeres oder wenigstens des Golfstromes liebt. Die ganze Pflanze hat in Geruch, Geschmack, Aussehen und Verwendung große Ähnlichkeit mit dem Sellerie. Die Wurzel soll ähnlich wie Sellerie oder Möhre verwendbar sein und die schwarzen dicken Samen schmecken tatsächlich pfefferähnlich und wurden auch als Ersatz für solchen genommen, da sie natürlich viel preiswerter waren als echter Pfeffer, der aus Indien importiert werden musste. Schließlich scheint die Gelbdolde vom Sellerie abgelöst worden zu sein, was unter anderem durch das kälter werdende Klima verursacht worden sein könnte.

Denn im Mittelalter beschreibt Tabernaemontanus die Gelbdolde noch in seinem Heilkräuterbuch als Alexandrinisches Peterlein.

Ihre großen buschigen Blätter sah ich auch um die Alhambra über Granada in wunderschönem glänzendem Dunkelgrün im Januar. In Andalusien scheint die Pflanze also auch überall wild zu wachsen, aber ich konnte bisher nicht feststellen, ob die Spanier sie noch kulinarisch verwenden. Seine mediterrane Herkunft verrät Alexanders aber auf jeden Fall durch sein frühes Verschwinden im Sommer. Als saftige Pflanze braucht er wohl Feuchtigkeit und schon im Juli zieht er sich zurück, um die winterlichen Regengüsse für sein Wachstum nutzen zu können. Ich bin auch gespannt, ob die Gelbdolde so überschwänglich in meinem Garten grünt und den Golfstrom oder die Meeresbrisen nicht allzu sehr vermisst. Immerhin „füttere" ich die Pflanze ab und an mit einer Prise Meersalz.

Bärenklau – zarter Verführer
Wiesenbärenklau (Heracleum sphondylium) Apiaceae
Der Wiesenbärenklau hat wie seine Verwandten die Doldengewächse Giersch und Engelwurz, große breitlappige, ein- bis dreifiederige Laubblätter, die allerdings, im Gegensatz zu Letzteren, behaart sind. Er ist ein bisschen in Verruf geraten, da sein großer Bruder, der Riesen-Bärenklau (*Heracleum mantegazzianum*), ein Neophyt aus dem Kaukasus, einst als Zierpflanze eingesetzt, bei Berührung für schwere Hautverbrennungen sorgt. Das ist von unserem heimischen Wiesenbärenklau aber nicht zu befürchten. Vielmehr offenbart er hinter seinem unscheinbaren, leicht möhrigen Geschmack eine aphrodisierende Wirkung. Aus seinen jungen

Bärenklau – der Prophet im eigenen Land ...

... gilt bekanntlich wenig! So geht es auch dem Wiesenbärenklau. Medizinisch weist er ähnliche Wirkung auf wie die Erzengelwurz. Er fand jedoch nie Eingang in die Klostergärten, damit auch nicht in die Klostermedizin und in unsere traditionellen Heilkräuterüberlieferungen. Diese stützten sich überwiegend auf die Quellen der antiken griechischen und römischen Ärzte, sodass die Pflanzen aus dem Mittelmeerraum den größeren Teil einnehmen und später nur durch wenige einheimische Pflanzen ergänzt wurden. Da der Bärenklau bei Hautkontakt eine sogenannte Wiesengräserdermatitis auslösen kann, verzichtet man heute auf seine Nutzung als Heilpflanze. In der Wildkräuterküche hat er jedoch seinen Platz gefunden und bleibt somit auch im kulturellen Gedächtnis erhalten.

Stängeln, Sprossen und Blättern lassen sich Spinat, Püree oder Eierspeisen zubereiten und im Osten ist der Bärenklau wichtiger Bestandteil und Namengeber der berühmten Borschtsch-Suppe.

Seine schönen großen Dolden-Blüten duften leicht süßlich aromatisch und die Samen sollen für Süßspeisen eine interessante Variante sein. Ganz hervorragend schmecken die frisch aufgeblühten Dolden in Pfannkuchenteig gebacken, so wie man es traditionell mit Holunderblüten macht, aber als gemüsig zarte Verführung!

Und so unscheinbar wie er ist, so viel Kraft spricht doch schon aus seinem Namen als Herkulesstaude. Der französische Kräuterarzt Maurice Mességué empfiehlt ihn wärmstens, als Hand- und Fußbad oder den Saft der ganzen Pflanze genossen, gegen Frigidität und Impotenz, was seinem Ruf als Aphrodisiakum sehr nahe kommt.

Vielleicht spiegelt sich seine enorme Kraft auch in seiner energischen Art, sich überall wie selbstverständlich breitzumachen und in aller Eile seine Pfahlwurzeln tief in die Erde zu senken, nachdem er mit seinen winzigen niedlichen Bärentatzen-Blättchen für einige Wochen harmlos zuwinkte. Ehe man es sich überlegt hat, die kleinen Sämlinge auszuzupfen, die sich willkürlich mitten in die Beete gepfropft haben, sind die Pflänzchen zu stattlicher Größe und Tiefe gelangt.

Bärwurz – bärenstark und gut zur Mutter

Der Bärwurz begegnet uns heute im Spirituosenregal – als herzhaft-aromatischer Verdauungshelfer. In seinem Namen versteckt sich noch die exakte Naturbeobachtung unserer Ahnen: Kräuter und Wurzeln, die von Bären gerne gefressen wurden, assoziierte man mit den Riesenkräften dieses Raubtieres, die man sich dann durch Nachahmung gerne zu eigen machen wollte. Doch auch seine Verwendung als Gebärmuttertonikum steht hinter dieser Pflanze, die im Volksmund auch Mutterwurz genannt wird. Wie so oft lösen die ätherischen Öle der Wurzelkräuter nicht nur Krämpfe in den Verdauungswegen, sondern wirken auch entspannend auf das Hohlorgan Gebärmutter. Wer den hohen Alkoholgehalt des Bärwurzschnaps vermeiden will, kann einen Teelöffel voll in eine Tasse frisch gebrühten Tee geben. Der Alkoholanteil vermindert sich oberhalb 78 °C, doch die wohltuend-entspannende Wirkung der Mutterwurz bei Regelschmerzen bleibt erhalten.

Wie alle Doldengewächse wirkt er schließlich auch auf die Verdauung und seine Stängel, getrocknet oder kandiert, sind eine Leckerei, laut Roger Phillips in seinem Buch „Wild Food".

Bärwurz – filigranes Würzwunder
(Meum athamanticum) Apiaceae

Im Aroma des Bärwurz schwingen Fenchel, Kümmel und Liebstöckel mit, jedoch wesentlich lieblicher als seine vollaromatischen Verwandten. Seine grasgrünen Blätter sind noch feiner gefiedert als die des Fenchels, jedoch etwas zäher. Ich finde es umwerfend, wie sich sein vielfältiges Aroma und sein kräftiger Geschmack langsam in Mund und Gaumen entwickeln.

Vor Jahren habe ich von einer Freundin einen Teil ihrer Bärwurzstaude geschenkt bekommen und in Ermangelung genauerer Kenntnis die Pflanze einfach irgendwo in meinen Garten gesetzt. Brav kommt der Bärwurz auch seitdem immer wieder spät und zaghaft im Frühjahr zum Vorschein. Doch scheint er weder größer zu werden noch seine Samen aufgehen zu lassen. Aber ich habe ihn auch in den ersten Jahren nicht weiter beachtet, da ich erst zu Internet-Zeiten herausgefunden habe, wie er heißt und dass man ihn essen kann. Er scheint etwas Trotziges zu haben, einen Überlebenswillen, aber keine Anstrengung zu unternehmen, sich fortzupflanzen. Vielleicht verweigert er sich mir nicht länger, da ich ihn nun kulinarisch zu schätzen weiß.

Als ich einmal im Allgäu wanderte und den Bärwurz in der Übergangszone zwischen Nadelwald und Almwiese in Massen vorfand, entschloss ich mich, meine Staude daheim erneut zu teilen und an verschiedenen Stellen auszupflanzen, um ihr die Möglichkeit zu geben, sich eventuell wohler bei mir zu fühlen.

Die Kräuter, die man mag oder mit denen man sich über längere Zeit auseinandersetzt, einmal in großen Mengen an ihrem natürlichen Platz anzutreffen, ist immer wieder ein erhebendes Gefühl! Vor allem wenn die wenigen Bestände in Deutschland gefährdet sind – es empfiehlt sich also, den Bärwurz im Garten zu kultivieren, denn mittlerweile vermehrt sich die Staude auch bei mir.

Es gibt einige Schnäpse, die „Bärwurz" heißen und offensichtlich auch Bärwurz enthalten, aber vor allem aus seiner Verwandten der Alpenmutterwurz (*Ligusticum mutellina*) hergestellt werden.

Engelwurz – himmlische Königin der Kräuter

(Angelica archangelica) Apiaceae

Ein Gartenbesucher, der einst als Konditor ein Café im Hunsrück betrieb, erzählte mir vor ein paar Jahren von kandierten Engelwurzstängeln, die früher zum Tee gereicht wurden, so wie heute ein Keks oder ein Stücken Schokolade zum Kaffee gehört. Dabei stand ich in meinem Schaubeet neben einem wunderschönen Exemplar der mächtigen Engelwurz, die mich mit ihrer großen Kugeldolde um eine Kopflänge überragte, also über 2 m groß war. Ich schwärmte gerade von unserem Angelikaeis mit kandierten Engelwurzstückchen.

Die dicken Stängel in feine Scheibchen geschnitten und kandiert werden bei uns in Schokoladenpralinen, als herb-süße Würze zum Beispiel in Pflaumengelee oder als Zutat für Chutneys verwendet oder auch als zarte Schicht in einem Käsekuchen. Engelwurzblätter eignen sich auch wie Liebstöckel oder Sellerie für Suppen oder zum Fondkochen.

Die große starke Engelwurz war früher eine hochgeschätzte Pflanze, die in keinem Garten fehlen durfte. Ihre Wurzel findet man noch heute als Geschmacksgeber in Kräuterschnäpsen und sie ist ausnahmsweise mal keine mediterrane, sondern eher nordische Pflanze, die in unseren Breiten auch als Waldengelwurz (*Angelica sylvestris*) auf feuchten Wiesen oder am Waldrand steht.

Früher wuchsen in jedem Garten irgendwo am Rande ein paar Exemplare Engelwurz, als engelhafte Wächter, die sich auch sehr gut selbst aussäten. Bei mir vermehrt sie sich ebenfalls prächtig und wenn sie im zweiten Jahr blüht, setzt sie mit ihrer enormen Höhe wunderbare Akzente im Ensemble der vielen verschiedenen Kräuter. Ihre kleine Verwandte, die Waldengelwurz, kultiviere ich auch in einer rotblättrigen und rosablütigen Variante (*Angelica sylvestris purpurea*), die allerdings nicht ganz so überwältigend aromatisch ist.

In einem Jahr fraßen mir Schnecken eine komplette Kultur in Töpfen kurz und klein bis tief ins Mark, doch hatte ich keine Zeit die abgefressenen Töpfchen auf den Kompost zu entleeren. Nach ein paar Wochen schaute ich mir diese Töpfe noch einmal an und alle Pflanzen waren ausnahmslos nachgewachsen und viel dunkler und kräftiger als vorher und

wurden auch nicht mehr angefressen! Irgendwer hatte mal gesagt, dass Schnecken den Pflanzen helfen.

Vielleicht brauchen manche Dinge doch entscheidende Impulse und es ist wirklich nicht schön für einen Giganten wie die Engelwurz, sich über viele Wochen in ein kleines Neuner-Töpfchen zu zwängen, um auf den Verkauf zu warten.

Fenchel – Magenwärmer

(Foeniculum vulgare) und Bronzefenchel (Foeniculum vulgare v. rubrum),
Apiaceae

Der klassische grüne Fenchel, dessen Samen man vor allem als Tee aufgießt, ist eine mehrjährige Staude, von ca. 2 m Wuchshöhe, die von Jahr zu Jahr fülliger wird und sich über Samen auch rasch im Garten verteilen kann. Schon im zweiten Jahr hat sich eine mächtige Pfahlwurzel im Gartenboden verankert.

Aber nicht nur seine Samen, auch seine Blätter sind ein wunderbares Gewürz und sein Verwandter, der Gemüsefenchel, dessen verdickte Stängel man als Gemüse erntet, liefert uns ein magenfreundliches Lebensmittel. Die rötlichen oder bronzefarbenen Blattwedel des Bronzefenchels sind eine schöne Variation, ansonsten unterscheidet er sich nicht vom gewöhnlichen grünen Fenchel und ist genauso verwendbar. Er ist vielleicht nicht ganz so wuchsfreudig wie sein grüner Vetter und behält es sich vor, wieder aus dem Garten zu verschwinden. Aber auch er sät sich selbst gerne aus und bleibt so über Jahre erhalten. Und natürlich sind die roten Blätter eine Augenweide als Zierde auf dem Speiseteller.

Koriander – geliebt oder verabscheut

(Coriandrum sativum) Apiaceae

Der Koriander war ein beliebtes Gewürz der römischen Antike und ich selbst habe manchmal richtig Heißhunger auf eine Scheibe Brot mit einer dicken Schicht frischer Korianderblätter auf einer ebenso üppigen Schicht Butter. Und Brot mit viel Koriandersamen gewürzt ist mir das Liebste.
Der Geruch von Koriander wird von manchen als wanzenartig empfunden und schließlich steckt in dem Wort Koriander, der auch als Wanzenkraut

Fenchel – gut für Mütter und Babys

Der Tee aus den Fenchelfrüchten zählt wohl zu den bekanntesten Tees. Seine ätherischen Öle entspannen die Bäuchlein der Babys und fördern sanft die Verdauung. Fencheltee wirkt auch milchbildungsfördernd bei stillenden Müttern und lässt dem Baby über die Muttermilch auch die wohltuende Wirkung des Tees zukommen. Er ist nicht umsonst der beliebteste Tee für Säuglinge und Kleinkinder, zumal er auch bei Erkältungskrankheiten und Husten schleimlösend und beruhigend wirkt. Besonders beliebt ist seine Anwendung in Form von Fenchelhonig, wo er auch von den Kleinsten gerne genommen wird.

bezeichnet wird, das griechische Wort „coris" für Wanze. Für mich überwiegt aber ein angenehm herb-zitroniger, kräftig-aromatischer Geschmack und ich versuche das ganze Jahr über im Gewächshaus eine Anbaufolge zu halten, um immer frischen Koriander zur Verfügung zu haben. In warmen Wochen schießt der Koriander zwar schnell in seine zartrosa Blüte, die sich aber auch hervorragend in der Küche verwenden lässt und sehr intensiv aromatisch ist. Später dürfen einige Pflanzen zur Samenreife gelangen und die kugeligen Samen werden sowohl zum Würzen als auch für die nachfolgende Aussaat getrocknet.

Nach Koriander schmeckt auch das Knöterichgewächs Vietnamesischer Koriander (*Polygonum odoratum*), der aus Asien stammt, wie auch das mehrjährige Eidechsenschwanzgewächs Vap Cha bzw. Chamäleonpflanze (*Houttuynia cordata*), die sich wunderbar auch bei uns anbauen lassen.

Liebstöckel – Suppen-Gigant
(Levisticum officinale) Apiaceae

Der Liebstöckel mit seinem unvergleichlichen Aroma, das man einfach mit Suppenwürze in Verbindung bringt, war sehr beliebt bei den Römern und zwar vor allem auch die Samen, die häufig mit Pfeffer gemischt und vermahlen den Beginn eines Rezeptes bedeuten. Natürlich mag ich dieses Doldengewächs auch ganz besonders gerne ob seines kräftigen Geschmacks.

Von Gartenbesuchern und Seminarteilnehmern höre ich immer wieder, dass der Liebstöckel im Garten übermäßig wuchert und sich verbreitet, doch in meinem Garten kann ich das, leider, nicht feststellen. Ich wünschte mir ja, dass er sich ein bisschen vermehrt, damit ich ihn üppiger beernten kann. Es ist einfach auch so, dass manche Pflanzen sich dem Gärtner aufdrängen oder aber auch entziehen. Entweder man braucht gerade eine bestimmte Pflanze in einer Lebensphase oder eben gar nicht. Jedenfalls liegt es nicht am Standort oder am lehmigen Boden.

Es ist schon überraschend, dass in der „Maggiwürze" kein bisschen Liebstöckelkraut enthalten ist, wo doch heutzutage der Liebstöckel besonders gerne als „Maggikraut" bezeichnet wird. Übrigens riechen Wildschweine auch nach „Maggi"! Aber das nur nebenbei – wir verwenden den Lieb-

Koriander – ein Individualist in Duft und Aroma

Das Korianderkraut kommt tatsächlich mit einem eigentümlichen Geruch daher. Man muss ihn mögen und in der asiatischen Küche wird er viel gebraucht. Bekannt ist der Frischpflanzenextrakt durch seine Fähigkeit Quecksilber zu mobilisieren und er gehört zu einem naturheilkundlichen Konzept der Entgiftung nach der Entfernung von Amalgamfüllungen. Allerdings sollte hier auf jeden Fall fachkundige Beratung erfolgen. Die Koriandersamen dagegen sind sowohl ein beliebtes Gewürz als auch ein geschätztes Heilmittel im indischen Kulturkreis. Sein gepulverter Samen soll Kaffee bekömmlicher machen und seine ätherischen Öle fördern die Verdauung und entkrampfen die Darmmuskulatur.

stöckel sowohl klassisch als Suppenwürze oder komponieren auch ganze Gerichte mit dem intensiven Kraut, besonders zu Hülsenfrüchten wie unserem Linsensalat. Wie viele Doldengewächse ist auch der Liebstöckel blähungswidrig, wie man das von Kümmel, Fenchel, Anis oder Engelwurz kennt.

Nadelkerbel oder Venuskamm – unscheinbare Edelwürze

(Scandix pecten-veneris) Apiaceae

Eine ganz liebliche Erscheinung bietet uns der einjährige Nadelkerbel, der früher im Ackerbau häufiger als Beikraut angetroffen werden konnte. Bei diesem zarten Doldengewächs, das auch Venuskamm genannt wird, sitzen die Früchte auf der Dolde so angeordnet, dass die ganze Blüte von der Seite gesehen flach wie ein Kamm aussieht und nicht wie üblich als runde oder kugelige Dolde erscheint. Typisch für ein Doldengewächs sind auch hier die winzigen weißen und vor allem wohlschmeckenden Blütchen. Das wenig bekannte Kraut schmeckt würzig, wie eine Mischung aus Möhre, Petersilie, ein Hauch Sellerie und Kümmel und ist wie Petersilie oder Kerbel verwendbar. Sehr leicht lässt sich das zarte, aber winterrobuste Kraut kultivieren. Einmal im Garten sät es sich ständig wieder selbst aus und kann im Grunde das ganze Jahr über geerntet werden, erst recht natürlich im Gewächshaus.

Der Nadelkerbel wird als Archäophyt bezeichnet, das heißt er hat sich sozusagen selbst im Zuge des frühen Ackerbaus in Mitteleuropa verbreitet und schließlich gilt er heute als gefährdete Pflanze, die vom modernen Ackerbau vertrieben wird. Wir können ihn aber ohne Probleme in unseren Gärten wachsen lassen, da er weder viel Platz braucht, noch große Ansprüche hegt.

Petersilie – allzeit bereites Würzwunder

(Petroselinum crispum) Apiaceae

Es ist mir nicht wirklich ein Rätsel, warum Petersilie so selbstverständlich zum Kochen, Würzen und Speisengarnieren gehört, denn trotz ihres kräftigen und eigenen Geschmacks passt sie irgendwie überall dazu. Aber

Liebstöckel – gut zu Suppe und Hals

Das bekannte „Maggikraut" gehört zu einer Vielzahl von Pflanzen, die wir heute nur noch als Suppenwürze kennen. Im frühen Mittelalter waren seine heilsamen Eigenschaften so bekannt, dass Karl der Große den Anbau für seine Landgüter zur Pflicht erklärte. Liebstöckel regt die Verdauungssäfte an und schwemmt überschüssiges Wasser aus dem Körper. Er war überwiegend für seine harntreibenden Eigenschaften im Gebrauch, wurde aber auch von der Heiligen Hildegard als Mittel gegen Halsschmerzen empfohlen. In der Schweiz hieß der Liebstöckel auch „Schluckwehrohr", denn man trank bei Halsweh gerne warme Milch mit Honig durch die hohlen Stängel. Eine Anwendungsform, die Kindern Spaß macht, auch wenn der Geschmack gewöhnungsbedürftig ist.

warum wird in privaten Haushalten und einfachen Restaurantküchen fast nur Petersilie verwendet? Sie lässt sich leicht in Massen ziehen und so lange es warm und feucht genug ist, kann man die Pflanzen fast wöchentlich beernten und selbst im Topf auf der Fensterbank und auf dem Balkon scheint sie unverwüstlich. Auf der anderen Seite klagen viele Hausgärtnerinnen und -gärtner über die Schwierigkeit und Zickigkeit der Petersilie. In manchen Jahren scheint es niemandem zu gelingen, die Pflanzen trotz guter Hege und Pflege großzuziehen.

Je weniger ich über die Petersilie nachgedacht habe, je nebensächlicher ich ihre Aussaat und Pflege behandelte, desto besser schien sie zu gedeihen. Aber dann war es wieder so, je souveräner ich ihr gegenübertrat und sie mit Extraportionen Wasser bedachte, ihr das Gras oder den Hahnenfuß zwischen den Reihen entfernte oder sie von abgestorbenen Stängeln oder welken Blättern befreite, und zwar nicht fürsorglich sondern einfach neutral gewissenhaft, desto üppiger wuchs sie. Mittlerweile klappt der Anbau, als seien wir gute Kumpel geworden, die Petersilie und ich.

Und ja, ich mag sie, sehr gerne sogar. Ihr wirklich vielseitiges, ausgeprägtes Aroma, das sich im Gaumen mehrdimensional entfalten kann, sich zwischen süßlich, leicht aromatisch herb, ein bisschen kümmelig, auch möhrig oder sellerieartig nicht so recht entscheiden kann und manchmal in den Liebstöckel hineinrutscht, um nur die auffälligsten Merkmale zu nennen, ist einfach unschlagbar! Mit wem oder was lässt sich diese grüne Fülle schon vergleichen? Wer hat sich in unseren Gaumen als universeller Geschmacksverstärker genauso breitgemacht wie die Petersilie? Na gut, vielleicht der Pfeffer? Aber wer Kartoffeln und Petersilie mag, der findet höchste Befriedigung in einem einfachen Gericht wie Petersilien-Kartoffeln! Und so könnten wir das mit allen Speisen durchexerzieren. Aber obwohl auch ich die Petersilie sehr schätze und sie selbst in kalten Wintern noch in meinem Folientunnel zu ernten ist, soll dieses Buch ja zeigen, dass man statt der Petersilie auch mal andere Kräuter verwendet und zwar fast als Hauptzutat.

Den großen Bedarf an Petersilie und Schnittlauch zu decken habe ich für meine Restaurantkunden zunächst verweigert. Auch weil ich glaubte, nicht so viel Fläche zur Verfügung zu haben und weil die anderen heimischen

Petersilie – für Suppe und Herz

Die Petersilie kann mehr, als Suppen würzen und Garnituren aufpeppen. Ihre harntreibende Wirkung macht sie zu einem wertvollen Bestandteil pflanzlicher Mischungen zur Durchspülungstherapie bei Harnwegsbeschwerden. Hildegard von Bingen empfahl sie in Wein und mit Honig gekocht als Herz-Kreislauf-Tonikum. Wer zu Wassereinlagerungen oder nervösen Herzbeschwerden neigt, kann bei Kraut und Wurzel unbedenklich zugreifen. Denn eine solcherart gewürzte Suppe tut mit Sicherheit nicht nur dem Magen gut!

wilden und exotischen Kräuter vielleicht eine interessante Abwechslung oder sogar ein Alleinstellungsmerkmal bieten könnten. Schließlich lenkte ich aber ein, um den Küchen ein vollständigeres Kräuterspektrum bieten zu können, und säte oder pflanzte alle paar Meter eine Reihe Petersilie, nur um zu sehen, dass sie bescheiden stetig weiter wächst im konkurrenzlos scheinenden Miteinander neben all den anderen Kräutern.

Und so wirkt die Petersilie schließlich mit ihrer Kraft kaum beachtet in heimlicher Heilwirkung fast täglich im Hintergrund und schmückt als Allerweltsdeko die Tellerränder der Welt, ganz nebenbei und unbeabsichtigt von uns, denn wir wollten ja nur würzen oder zieren.

Myrrhenkerbel oder Süßdolde – Lakritzbonbon
(Myrrhis odorata auch Scandix odorata) Apiaceae

Ein hocharomatisches Erlebnis, ein wahres Lakritzbonbon ist das Myrrhenkerbel oder Süßdolde genannte heimische Würzkraut. Die Süßdolde ist absolut winterhart, mehrjährig und, außer dass ihre Samen zum Keimen einen Frostimpuls brauchen, sehr leicht im Garten zu ziehen. Hat man sie einmal im Garten, vermehrt sie sich prächtig von selbst. Das Kraut, die Blüten und ganz besonders die großen grünen Samen schmecken deutlich nach Lakritz und sind vor allem wirklich süß.
Und so verwenden wir das Kraut auch für alle möglichen Speisen. Als Salatwürze, als Süßspeisenwürze, als Duftstrauß und die noch weichen grünen Samen als Nascherei, wenn man so durch den Garten streift.

Von Frühling bis Herbst treibt die Süßdolde immer wieder erneut große farnartige Blattwedel, die dem Wiesenkerbel sehr ähnlich sehen, aber im Gegensatz zu diesem ganz zart behaart und viel weicher sind. So blüht sie auch von Mai bis fast Oktober und wenn man möchte, kann man auch ihre schmackhafte Wurzel gedünstet verspeisen.
Sauerherbe Früchte oder Kuchenzutaten wie Rhabarber verwandelt die Süßdolde in kulinarische Genüsse. Dabei werden einfach Blätter oder frische, noch weiche und grüne Früchte des Myrrhenkerbels unter die Früchte gegeben. Dem Rhabarber nimmt die Süßdolde eindeutig seine Pelzigkeit und verliert selbst dabei den Lakritzgeschmack! Einfach eine wunderbare Kombination, wie ich finde.

Melde und Co.

Melde – meine Spinatkönigin und andere Fuchsschwanzgewächse

(Atriplex hortensis) Amaranthaceae

Meine Liebe zum Gärtnern und zu speziellen Pflanzen erfährt immer wieder neue Verliebtheiten und zu den heftigsten Verführern gehört auf jeden Fall die rote Gartenmelde! Es ist lange her, dass ich sie in einem Saatgutkatalog fand, in dem englisches Saatgut angeboten wurde. Überhaupt scheint England sehr experimentierfreudig im Gärtnern zu sein und dort finde ich immer wieder etwas, das ich noch nicht kenne. Der Melde verdanke ich tatsächlich mein gärtnerisches Durchhaltevermögen, den Ausbau meines Gartens zu einem Kräuterpark und der Frischkräuterlieferservice würde speziell ohne die rote Melde gar nicht existieren!

Zwar stellt die Melde keine großen Ansprüche an den Boden oder den Standort, doch üppige Ernten lässt sie nur auf gutem humosen und feuchten Boden und sonnigem Standort zu und wenn sie nicht zu dicht steht. Je trockener der Boden, desto zäher und kleiner sind die Blätter. Wenn die Pflanzen das zweite kräftige Blattpaar entwickelt haben, schneide ich die Melde oberhalb zur Ernte ab und in den Blattachsen wachsen zwei neue Triebe. Mit der Zeit wird die Melde dann immer buschiger und blüht ca. ab Juni/Juli. Jetzt kann man aber immer noch die großen Blätter ernten und schließlich die Samen für die nächste Frühjahrsaussaat abnehmen. Allerdings sind die Meldesamen nicht lange haltbar, schon nach ein paar Jahren verlieren sie ihre Keimfähigkeit. Die mit einer zarten Hülle umgebenen Samen können sofort keimen und die dickschaligen braunen Samen laufen erst nach zwei Jahren auf.

Aber wer die Melde einmal im Garten hat, wird sie überall wiederfinden und manchmal vermischt sie sich auch mit wilden Meldesorten. Da die Gartenmelde bis zu 2 m hoch werden kann, wenn man sie nicht dauernd schneidet so wie ich, bringt sie interessante Farb- und Strukturelemente in die Gartengestaltung.

Ebenfalls zur Familie der Fuchsschwanzgewächse (*Amaranthaceae*) gehört nicht nur die Gattung Melde (*Atriplex*), sondern auch die Rübe (*Beta*) wie Mangold, Rote Bete, Zuckerrübe und Futterrübe, die Amarantsorten, der

Guter Heinrich – Bote aus der Vergangenheit

Die Nutzung dieser Pflanze lässt sich durch archäologische Funde bereits für die Jungsteinzeit nachweisen. Die frühen Ackerbaukulturen schätzten besonders die Pflanzen, die in unmittelbarer Nähe ihrer Behausungen wuchsen. Der Gute Heinrich diente diesen Menschen nicht nur zur Aufwertung der kargen Kost, sondern war auch als heilende Auflage für entzündete Hautverletzungen hoch geschätzt. Später wurde er als Gartenpflanze kultiviert und geriet dann wie viele andere alten Kulturpflanzen in Vergessenheit. Auch wenn sein Gebrauch als Wundkraut keinen Eingang mehr in modernere Heilkräuterbücher fand, hat er seine Nische als schmackhaftes Wildkraut bewahrt. Respekt vor einer so langen Karriere!

Spinat (*Spinacia*) und die Gänsefußgewächse wie zum Beispiel der Gute Heinrich oder der Baumspinat, der unter dem Namen „Magenta Spreen" bekannt ist und bis zu 2,5 m hoch werden kann. Die Blätter dieser Fuchsschwanzgewächse kann man gut zu Spinat verarbeiten und der Gaumen unterscheidet die verschiedenen Geschmacks- und Konsistenzvariationen. Mein Gaumen entscheidet sich eindeutig für die großen Gartenmelden mit ihrem ganz leicht säuerlich-süßen und irgendwie mineralischen Geschmack. Die großen cremig-zarten Blätter und auffälligen Farben, ob nun gelb, grün oder tiefmagentarot, sind roh ein Gedicht als Salat. Als feines Meldecremesüppchen oder als Spinat ist natürlich die rote Melde eine Besonderheit, denn sie behält ihre Farbe beim Kochen und färbt sogar andere Speisen. Wie wäre es also mit roten Meldemaultaschen oder rotgefärbtem Sushireis?

Erdbeerspinat – lieblich Aromatischer

(Chenopodium foliosum) und Kopfiger oder Ähriger Erdbeerspinat (Chenopodium capitatum) Chenopodioideae

Es hat eine Weile gedauert, bis ich darauf kam, die Blätter der Erdbeerspinatsorten zu probieren, feststellend, dass ihr Geschmack einfach umwerfend ist, nämlich spinatig, nussig, lieblich, cremig aromatisch. Diese Pflanze wird wohl nur deshalb nicht in großen Mengen angebaut, weil der Ertrag sehr gering ist und sie in trockenen Jahren sehr schnell in die Reife kommt. Das heißt, dass sie sehr schnell blüht, um anschließend mit ihren herrlich tiefroten oder wie beim Ährigen Erdbeerspinat blutroten Fruchtknoten zu beeindrucken. Die Früchte vom echten Erdbeerspinat schmecken eher wie Rote Bete oder Spinat, während die des kopfigen tatsächlich ein wenig süßlich im Gaumen anmuten.

Hat man den Erdbeerspinat erst einmal im Garten, so taucht er gerne überall wieder auf und erfreut die ganze Wachstumsperiode mit frischen Blättern. Je feuchter der Standort oder das Jahr desto üppiger fällt das Blattwachstum aus und eine Zeit lang mag es gelingen, das Blühen zu verhindern, indem man immer wieder die frischen Blütenansätze erntet und im Salat oder als Spinat verwendet. So treiben mehr Blätter nach, doch irgendwann will der Erdbeerspinat blühen und man kann seine hübschen Blütenstängel, dichtbesetzt mit roten Früchten, ernten, essen oder als Teller- und Tischdekoration verwenden.

Estragon – der feine Bittere

Wir kennen Estragon nur als Küchenkraut, eine heilkundliche Verwendung findet sich bei uns nicht. Verwandt ist er mit *Artemisia absinthum*, dem Wermutkraut, für das eine sehr lange Verwendung als Heilmittel belegt ist. Besonders wertvoll sind auch hier die Bitterstoffe, die allgemein die Verdauung anregen und speziell den Gallenfluss. Somit machen die bitteren Kräuter die fetten Speisen bekömmlicher. Da in den meisten Gemüsesorten die Bitterstoffe durch Züchtung vermindert wurden, ist es sinnvoll, diese durch entsprechende Kräuterzusätze als Gewürz zu ergänzen. Von Überdosierungen und zu langer Anwendung muss natürlich abgesehen werden, wobei wir von Natur aus mit bitter schmeckenden Nahrungsmitteln sparsam umgehen.

Estragon – das Aromawunder

(Artemisia dracunculus) Asteraceae

Neben Estragon gehören zum Beispiel auch die Eberraute (*Artemisia abrotanum*), der Wermut (*Artemisia absinthium*), der Beifuß (*Artemisia vulgaris*) und der Einjährige Beifuß (*Artemisia annua*) zur Gattung der Artemisia-Pflanzen, die wiederum zu der Familie der Korbblütler gehören. Alle fünf lassen sich gut in unserem Klima anbauen und sie werden oder wurden alle zum Würzen oder als Heilpflanze verwendet. Estragon ist für meinen Gaumen das lieblichste unter den genannten Artemisiagewächsen und ich verfeinere mit ihm nicht nur klassische Gerichte, sondern auch Süßspeisen oder Marmeladen. Es lässt sich auch ein reines Estragongelee daraus herstellen.

In meinem Garten habe ich den sogenannten französischen Estragon, der aber genau wie der deutsche und der russische absolut winterhart ist und sich Jahr für Jahr durch Bodenausläufer vermehrt und vergrößert, ohne dabei viel zu wandern. Wenn im Frühling die ersten saftigen Sprossen des Estragons aus der Erde schauen, kann ich es kaum erwarten und ernte mir morgens für mein Frühstücksbrot schon die ersten Blättchen. Von nun an wächst der Estragon unermüdlich bis in den Herbst und je mehr man ihn schneidet, desto mehr verzweigt sich die Pflanze. Bis weit über die Blütezeit hinaus kann man die lieblich intensiven Blätter ernten und verwenden oder wunderbar einfrieren oder trocknen, denn das Aroma des französischen Estragons bleibt in allen Fällen gut erhalten.

Rucola – wiederentdecktes Lieblingskraut

(Eruca sativa oder cultiva) und Diplotaxis tenuifolia)

Die Garten-Senfrauke (*Eruca sativa* oder *cultiva*) ist der eigentlich klassische Rucola, den man am Besten wie Dill und Koriander in einer Anbaufolge aussät. Das heißt, um immer frische, junge Blätter ernten zu können, sät man mindestens einmal im Monat neuen Rucola aus. Diese einjährige Pflanze kommt je nach Wetter schnell in Blüte, doch schmecken auch die großen weißen Blüten exquisit, süß, leicht scharf und sind eine besonders schöne Dekoration.

Der Schmalblättrige Doppelsame (*Diplotaxis tenuifolia*) ist die mehrjährige Rucolasorte, die kleinere, schmalere und dunklere Blätter hat und mittlerweile überall rund ums Jahr erhältlich ist, da der Anbau wesentlich einfacher ist. Indem man die Pflänzchen immer wieder kräftig herunterschneidet, also die Triebe und Blätter beerntet, kann man sie eine Weile vom Blühen abhalten. Irgendwann aber treibt sie doch schnell ihre kleinen gelben Blüten hervor, die man natürlich auch verzehren kann. Sie erinnern im Aussehen an die Blüten vom Raps.

Sowohl der einjährige als auch der mehrjährige Rucola erfreuen sich, wie ja auch Basilikum und Bärlauch, großer Popularität.

Im Garten und im Gewächshaus gedeihen beide vortrefflich und wer gerne viel Rucola isst, kann die einjährige Pflanze alle paar Wochen nachsäen, um immer frische junge Blättchen ernten zu können. Beiden Sorten gefällt feuchtes warmes Klima und feuchter lockerer Boden, um viel Blattmasse hervorzubringen. Das heißt allerdings, dass wir in trockenen Jahren viel gießen müssen, auch um die Erdflöhe ein bisschen daran zu hindern, allzu kräftig zuzubeißen, wie sie das gerne mit den Kohl- bzw. Kreuzblütengewächsen machen. Eine andere Art, den beißenden und saugenden Insekten zu begegnen, wäre, sie zu beobachten, die Pflanzengemeinschaften zu überprüfen und die eigene Haltung zu bedenken. Eine gute Gemeinschaft soll Katzenminze sein, die angeblich Erdflöhe fernhalten soll.

Ich habe nicht genau herausgefunden, ob nun die Rauke von den Kelten und Germanen zu den Römern gelangte oder die italienische Küche uns wieder einmal, nach einer weit über tausendjährigen Pause, mit der Rucola vertraut machte …

Über den intensiven, an Kresse und Rettich erinnernden Geschmack, mit leicht nussig bitterer Schärfe muss ich sicher nicht viel referieren, aber ich muss gestehen, dass Pizza mit hauchdünnem Schinken und frischer Rauke und Pecorino belegt einfach köstlich ist!

Waldmeister – balsamischer Süßer

(Galium odoratum)

Den Waldmeister empfinde ich als eine sehr geheimnisvolle Pflanze, weil er in lichten Laubwäldern unscheinbar den humusreichen lockeren Boden durchwebt und seinen unverkennbaren Duft nicht sofort preisgibt. Dazu muss man ihn erst einmal finden oder im Wald über ihn stolpern und pflücken, was laut deutschen Bestandskarten nicht allzu schwer sein dürfte, denn man findet das kleine Rötegewächs offensichtlich in ganz

Waldmeister – fördert die Gemeinsamkeiten

Bekannt ist der Waldmeister überwiegend als Geschmacksgeber für Brause und Wackelpudding und natürlich für die Maibowle, wofür schon seit dem 9. Jahrhundert ein Rezept bekannt ist. In der Klostermedizin wurde er gerne für die Behandlung von Kopfschmerzen und Durchblutungsstörungen genommen. Tatsächlich enthält der Waldmeister Cumarine, die die Blutgerinnung herabsetzen und das Blut damit „flüssiger" machen. Allerdings stehen die wissenschaftlichen Nachweise noch aus, sodass der Waldmeister zurzeit nicht zu therapeutischen Anwendungen empfohlen wird. In der Spagyrik, einer besonderen Zubereitungsart für pflanzliche Tinkturen, gilt der Waldmeister als der Vermittler zwischen Gegensätzen – sowohl therapeutisch als auch zwischenmenschlich. In Form einer leckeren Bowle fördert er mit Sicherheit die Gemeinschaft, allerdings sollte hier Maß gehalten werden, nicht nur in der Menge. Auch das Waldmeistersträusschen sollte nicht zu lange in der Bowle ziehen, denn bei einer Überdosierung verursacht dieses Kraut Kopfschmerzen.

Waldmeistereis mit Waldmeister (links) und Rucola (rechts)

Deutschland. Wenn man dann zu Hause angekommen ist und an der etwas angetrockneten Pflanze schnuppert, erahnt man das immer kräftiger werdende Aroma.

In meiner Jugend gab es sowohl Waldmeistereis als auch Waldmeisterbrause, die dann für einige Jahre verschwand, um nun wieder in den Eisdielen präsent zu sein.

Sein Inhaltsstoff Cumarin galt eine Weile als Gesundheit gefährdend, aber mittlerweile scheint wohl allen klar, dass man niemals so viel Waldmeister im Jahr verzehren wird, dass man Angst haben müsste. Schließlich ist der Waldmeister auch nur in den drei Frühjahrsmonaten zu ernten, wie April bis Juni. Man kommt also nicht wirklich dazu, ihn übermäßig zu konsumieren.

Sowohl vor als auch während der Blüte pflücke ich den Waldmeister, der sich als feiner Bodendecker unter meinen Beerenbüschen verbreitet. Über die Wurzelausläufer kann man die Pflanzen sehr leicht vermehren und im ganzen Garten unter Laubbäumen oder Laubhecken verteilen.

Wir bereiten aus den leicht angetrockneten Blättern unseren Mai-Trunk, das Waldmeistereis und Pralinen, die in ihrer Schokolade das Geheimnis des Waldmeisters auf dem Gaumen enthüllen mögen.

115

Kräuterküche
im Mittsommer

Ab ersten Mai lockt nicht nur unser kleines Kräutercafé jeden Sonntag mit leckeren Kräutertapas, sondern ich selbst schwelge in der Üppigkeit des Kräuterangebots und komme mit Pflücken, Essen, Kreieren und Konservieren gar nicht mehr nach. Von Mittsommer bis August gibt es nun an allen Ecken und Enden im Garten duftende und strahlende Kräuter.

Als Salatgrundlage pflücke ich täglich Schwarzwurzelblätter, denn die sind frisch, knackig, süß und mittags duften die Blüten betörend nach Vanille. Endlich wächst die Brennnessel in so großen Mengen, dass sich Spinat oder Suppen daraus kochen lassen. Aber auch Bärlauch und Waldmeister verwöhnen jetzt unsere Gaumen und ich kann endlich Basilikum säen, ohne dass die Pflänzchen noch Frost fürchten müssten.

Im Mai und Juni finden wir vor allem Doldengewächse, wie den zarten kräftigen Bärwurz, den würzigen Liebstöckel oder die aromatische Engelwurz, und natürlich warte ich schon täglich auf die Blütendolden des Wiesenbärenklaus, die wir in Pfannkuchenteig ausbacken. Der filigrane Nadelkerbel bringt mehrere Generationen nacheinander hervor, sodass man ihn fast das ganze Jahr ernten kann. Sein kümmeliger Geschmack passt besonders gut zu Kohlgerichten und seine Bescheidenheit im Wuchs füllt etwaige Lücken in den Beeten, die es allerdings im Mittsommer nicht wirklich gibt.

Fünf-Kräuter-Dip

250 g Quark
250 g Frischkäse
200 g Crème fraîche
je 1 Handvoll Fenchel, Dill, Liebstöckel, Schnittlauch und Bärwurz
1 EL Senf
Salz, Pfeffer

nach Bedarf
100 g Sahne, 2 EL Öl

Quark, Frischkäse und Crème fraîche mit den gehackten Kräutern und dem Senf verrühren. Mit Salz und Pfeffer abschmecken. Wenn die Masse zu fest sein sollte, etwas Sahne und Öl dazugeben.
Passt zu jungen, zarten Zucchini, Gurken, Möhren, Stangensellerie oder Knollenfenchel.

Mango-Lauchcremesuppe

mit Koriander-Erdnussöl von Emre Demiryüleyen

1 bis 2 vollreife Mango
½ Stange Lauch
1 Schalotte
200 ml Weißwein
¾ l Gemüse- oder Geflügelbrühe
1 EL Currypulver
1 Msp. Kurkuma
1 TL fein geriebener frischer Ingwer
etwas Zitronen- und Orangenschale
2 EL Crème fraîche
2 EL Butter
ca. 4 EL gehacktes Koriandergrün
3 EL Öl von gerösteten Erdnüssen
etwas rotes Chili
Limettensaft
Butter, Öl zum Braten
Salz, weißer Pfeffer

Die Mango, den Lauch und die Schalotte in feine Würfel schneiden und in einer Butter-Öl-Mischung leicht karamellisieren. Mit dem Weißwein ablöschen, dann mit der Brühe aufgießen und 20 Minuten leicht köcheln lassen.
Die Suppe mit Currypulver, Kurkuma und Zitonen- und Orangenschale würzen, mit dem Stabmixer pürieren und anschließend durch ein feines Sieb passieren. Mit Salz und Pfeffer abschmecken. Kurz vor dem Servieren Crème fraîche und Butter untermixen.
Zum Schluss das Koriandergrün mit dem Erdnussöl vermengen (ersatzweise geht auch Öl vom gerösteten Sesam, hier reichen aber 2 EL), etwas rotes Chili und Limettensaft verrühren und beides auf die schon in Tellern angerichtete Suppe geben.

Möhren-Linsen-Creme
von Emre Demiryüleyen

Die Zwiebel schälen und würfeln. Die Möhren putzen, schälen und in Scheiben schneiden. Zwiebel im heißen Öl glasig dünsten, Möhren kurz mitdünsten. Mit Salz und Koriander würzen, mit der Brühe ablöschen und zugedeckt 20 Minuten köcheln lassen. Linsen, Harissa und Orangensaft zu den Möhren geben und 15 Minuten garen. Den Dill klein schneiden (nicht hacken). Die Linsen abkühlen lassen, eventuell nochmals abschmecken, dann pürieren und den Dill zugeben.

1 Zwiebel, 250 g Möhren
2 EL Olivenöl
Salz
1 EL gemahlene Koriandersamen
300 ml Hühnerbrühe
100 g rote Linsen
¼ TL Harissa Gewürzpaste
Saft von 1 Orange
1 EL frischer Dill

Salz, Pfeffer, Muskat
1 EL Essig, 2 EL Öl, 1 EL Kapern

Gefüllte Melderöllchen

mit Tomatenkräutersauce von Katrin de Jong

150 g Reis
2 Handvoll Wildkräuter nach Wahl
150 g Feta
Salz, Pfeffer, Muskatnuss, Kreuz-
    kümmel, Zucker
200 g Meldeblätter
Öl
250 g stückige Tomaten
Zucker, Thymian

Reis nach Packungsanleitung kochen. Wildkräuter grob schneiden, Feta zerbröseln und alles unter den abgekühlten Reis mischen. Mit Salz, Pfeffer, Muskat und etwas Kreuzkümmel abschmecken. Die Meldeblätter auslegen, mit der Kräutermasse bestreichen und zusammenrollen.
Die Röllchen in einer Pfanne mit wenig Öl auf einer Seite kräftig anbraten, vorsichtig wenden und mit den stückigen Tomaten übergießen. Die Tomatensauce kräftig mit Salz, Pfeffer, Zucker und Thymian abschmecken.

Fladenbrot von Emre Demiryüleyen

für 8 Stück:
20 g frische Hefe
1 Prise Zucker
130 ml lauwarmes Wasser
250 g Mehl
1 Prise Salz
2 EL Olivenöl
je ½ TL Fenchelsamen, Anis, Korian-
    dersamen und Schwarzkümmel

Die Hefe zerbröckeln und mit dem Zucker im Wasser auflösen, dann 10 Minuten ruhen lassen. Das Mehl in eine Schüssel sieben, mit einer Prise Salz mischen und das Öl zugeben. Den Hefeansatz zufügen und mit der Küchenmaschine zu einem geschmeidigen Teig verkneten. Zugedeckt 45 Minuten gehen lassen.
Danach den Teig auf bemehlter Arbeitsfläche durchkneten, in 8 gleich große Stücke teilen und zu Kugeln formen. Die Teigkugeln mit einem Rollholz zu ca. 1 cm dicken runden Fladen ausrollen. Die Oberflächen mit einem scharfen Messer über Kreuz leicht einritzen, mit lauwarmem Wasser bestreichen und mit den Gewürzen bestreuen.
Teigfladen auf ein mit Backpapier belegtes Blech legen und zugedeckt 30 Minuten gehen lassen. Die Fladen im vorgeheizten Backofen bei 180 °C 12 bis 14 Minuten backen.

Estragon-Eier

4 hart gekochte Eier
4 TL Crème fraîche
1 TL Senf
Salz, Pfeffer, Muskatnuss
Safran oder Kurkuma zum Färben
   falls die Eier zu blass sind
Estragonblättchen und -spitzen oder
   -blüten

Am besten ein paar mehr Eier als benötigt kochen, da sich nicht alle Eier sauber pellen bzw. schneiden lassen. Die hart gekochten Eier sollten vor der Verarbeitung einige Zeit im Kühlschrank liegen.

Die Eier abpellen und der Länge nach durchschneiden. Das Eigelb vorsichtig herauslösen und mit einem Passierstab durch ein Sieb streichen. Die Masse mit den übrigen Zutaten vermischen und eventuell mit Kurkuma oder Safran nachfärben. Zum Schluss die fein geschnittenen Estragonblättchen hinzufügen. Die Eiercreme in einen Spritzbeutel füllen und in die Vertiefung der halben Eier spritzen. Mit Estragonspitzen oder -blüten verzieren.

Orangensalat mit Estragon
von Carina Köck

4 unbehandelte Orangen
2 EL Honig
2 EL Olivenöl
Salz, Pfeffer
2 Handvoll Estragon

Die Orangen so schälen, dass auch das Weiße abgeschnitten ist. In runde Scheiben schneiden und gefächert auf einen großen Teller legen. Nach Belieben etwas Honig darüber träufeln. Anschließend mildes Olivenöl darübergießen und mit Salz und schwarzem Pfeffer aus der Mühle würzen. Zum Schluss frisch gezupfte Estragonblätter darüberstreuen.
Passt gut zu gebratenem oder gegrilltem Fisch.

Meldecremesüppchen

2 EL Öl
2 Zwiebeln, 3 Kartoffeln
1 gehäuften EL Gemüsebrühpulver
2 Handvoll rote und/oder grüne
   Melde
je 3 Stängel Liebstöckel, Laucharten
Salz, Pfeffer, Muskat
geschlagene Sahne zum Garnieren

Die Zwiebeln klein schneiden und in etwas Öl in einem Topf andünsten. Die Kartoffeln klein schneiden und dazugeben, mit Gemüsebrühe ablöschen und weich kochen. Melde und die Kräuter dazugeben, kurz aufkochen lassen, pürieren oder passieren und mit Salz, Pfeffer und Muskat abschmecken.
In Tassen oder Teller anrichten, mit einem Sahnehäubchen und Blüten oder Kräuterspitzchen garnieren.

Garnelen auf Taboulé

und Koriandermayonnaise von Emre Demiryüleyen

für das Taboulé
100 g Bulgur
300 ml Wasser
2 Frühlingszwiebeln
¼ Salatgurke
1 Tomate
1 Bund gemischte Kräuter nach Geschmack und Angebot (Hauptbestandteil sollten glatte Petersilie und Minze sein)
Saft von 2 Zitronen
je ¼ TL süßes Paprikapulver, gemahlene Koriandersaat, Kreuzkümmel
1 Msp. Zimt
Salz, schwarzer Pfeffer, Cayennepfeffer, Tabasco
8 EL Olivenöl

für die Mayonnaise
1 Eigelb (Größe L)
1 TL mittelscharfer Senf
½ Bund Koriander
50 ml Pflanzenöl
50 ml Traubenkernöl
1 Spritzer Limettensaft
Abrieb von einer Limette
Salz, Pfeffer, Cayennepfeffer

8–12 Garnelen ohne Kopf und Schale

Den Bulgur mit 300 ml heißem Wasser übergießen und nach Packungsangabe quellen lassen, bis er weich ist.

Gemüse und Kräuter waschen und trocknen. Frühlingszwiebeln in Scheiben, Gurke und Tomate in Würfelchen schneiden und die Kräuter grob hacken. Alles mit dem Bulgur, dem Zitronensaft und den Gewürzen, dem Olivenöl bis auf zwei EL vermischen und ziehen lassen.

Für die Mayonnaise das Eigelb mit dem Senf und dem gehackten Koriander mit dem Küchenmixstab aufmixen und dann die Öle zuerst tröpfchenweise danach im dünnen Strahl einlaufen lassen.

Abschließend mit Limettensaft und -abrieb und den Gewürzen abschmecken.

Tipp: Zum Gelingen einer guten Mayonnaise sollten alle Zutaten Zimmertemperatur haben!

Die Garnelen abwaschen und trocken tupfen. In dem restlichen Olivenöl kurz anbraten. Die Garnelen umdrehen und die Pfanne von der Hitze nehmen.

Auf einem Teller mittig das Taboulé anrichten, je 2 bis 3 Garnelen daraufsetzen und mit der Mayonnaise garnieren.

Koriandercrêpe

mit Ziegenfrischkäse und
Schwarze-Johannisbeeren-Chutney von Kerstin Seifert

für die Crêpes
3 Eier
500 ml Milch
250 g Mehl
½ TL Koriandersamen
1 Prise Salz
2 Stängel frischer Koriander
400 g Ziegenfrischkäse

für das Chutney
500 g schwarze Johannisbeeren
100 g brauner Zucker
100 ml Ahornsirup

Die Eier mit der Milch in einem hohen Gefäß verquirlen. Nach und nach Mehl zugeben und zuletzt Koriandersamen und Salz. Dünne Crêpes backen und warmstellen.
Ziegenfrischkäse auf die Crêpes streichen und einrollen.
Johannisbeeren mit Zucker kochen, bis die Konsistenz musartig ist. Die Masse durch ein Sieb streichen, mit dem Ahornsirup verrühren und reduzieren. Lauwarm über die angerichteten Crêpes geben.

Lammrücken

im Gewürzsaatmantel mit Paprikakompott
von Emre Demiryüleyen

für den Lammrücken
½ EL Kreuzkümmel
1 EL Koriandersaat
½ EL Fenchelsaat
1 Knoblauchzehe, 1 Chilischote
Abrieb einer Zitrone
2–3 EL Olivenöl, Salz, Pfeffer
600 g küchenfertige Lammrücken
Olivenöl

für das Aprikosen-Hummus:
200 g Kichererbsen aus der Dose
3 Schalotten, 1 Zitrone
Olivenöl, 2 Knoblauchzehen
100 g Tahin (Sesampaste)
50 ml Brühe oder Wasser
50 ml Orangensaft
1 TL Raz EL hanout (Gewürzmischung)
1 TL gemahlener Kreuzkümmel
6 vollreife Aprikosen
6 getrocknete Soft-Aprikosen
2 EL Butter

für das Paprikakompott
2 rote Paprika, 2 Schalotten
1 EL Rapsöl, 1 EL Honig
1 Orange, 50 ml Orangensaft
50 ml Geflügelbrühe
weißer Balsamico, Weißwein
Salz, Pfeffer, Zucker, Schwarzkümmel

Die Gewürzsaat in einer beschichteten Pfanne ohne Öl ganz kurz rösten. Dann mit Knoblauchzehe, Chilischote, Zitronenabrieb und Olivenöl im Mörser zu einer Paste zerreiben, mit etwas Salz und Pfeffer abschmecken.

Die Lammrückenfilets in Olivenöl schön kross anbraten. Dann mit der Gewürzpaste üppig einreiben und darin wälzen. Im Ofen bei ca. 85 °C 10 bis 15 Minuten rosa durchziehen lassen.

Für das Hummus die Kichererbsen aus der Dose abgießen und kalt abbrausen (eingeweichte Kichererbsen 50 bis 60 Minuten weich kochen). Die Schalotten schneiden und mit den Kichererbsen in Olivenöl andünsten. Alle Zutaten bis auf die Aprikosen zugeben. Dabei von der Zitrone den ganzen Saft, wie auch etwas Schale nehmen.
Mit dem Stabmixer fein pürieren. Die Aprikosen fein würfeln, in der Butter etwas karamellisieren lassen und unter das Hummus heben.

Paprika und Schalotten in Würfel schneiden und im Rapsöl glasig dünsten. Mit dem Honig karamellisieren lassen. Die Orange filetieren, würfeln und zur Paprika geben. Mit Orangensaft und Brühe aufgießen. Mit einem Spritzer weißem Balsamico, etwas Weißwein, Salz, schwarzem Pfeffer und Zucker abschmecken. Etwas Schwarzkümmel zufügen und das Kompott bei milder Hitze einköcheln lassen.

Komm morgen wieder

für die Pfannkuchen
¼ l Milch, 100 g Mehl
2 Eier, 1 Prise Salz
etwas Öl

für die Füllung
250 g Frischkäse
150 g Saure Sahne
Pfeffer, Salz
1 Handvoll Estragon
je 1 Bündchen Liebstöckel, Schnittlauch, Petersilie, Oregano

Aus den Pfannkuchenzutaten einen glatten Teig rühren. Bei mittlerer Hitze in einer kleinen Pfanne dünne Pfannkuchen backen, aber nicht wenden! Die Kräuter waschen, trocknen und fein schneiden. Für die Füllung Frischkäse, Saure Sahne, Gewürze und Kräuter verrühren. Auf die gebackene Seite der Pfannkuchen nun je einen gehäuften TL Füllung geben und die jeweils gegenüber liegenden Ränder aufeinander klappen, sodass ein quadratisches Päckchen entsteht. Die Päckchen auf beiden Seiten in der Pfanne goldbraun braten.

Für eine süße Variante nimmt man statt Salz und Pfeffer Zucker oder Ahornsirup und als Kräuter kommen Süßdolde oder Engelwurz in Frage.

Saibling-Tajine

auf Petersilien-Bulgur von Emre Demiryüleyen

für die Tajine
600 g vollreife Tomaten
1 große Zwiebel
2 Knoblauchzehen
Olivenöl
½ l Fischfond
¼ l Weißwein
2 Zweige Thymian
3 EL grob geschnittenen Estragon
Salz, Zucker, schwarzer Pfeffer
weißer Balsamico
4 kleine Artischocken
1 Zitrone
16 Okraschoten (wahlweise auch
    Stangenbohnen)
500 g Saiblingfilet

für den Petersilien-Bulgur
1 rote Zwiebel
1 rote Spitzpaprika
2 Knoblauchzehen
3 EL Olivenöl
100 g Bulgur, mittelgrob
1 TL mildes Paprikapulver
1 TL Schwarzkümmel
250 ml Geflügelbrühe
Saft 1 Zitrone
1 EL Butter
8 EL grob geschnittene Blattpeter-
    silie
½ EL Minze
Salz, Pfeffer, Chili

Für den Tomaten-Estragon-Sud Tomaten und Zwiebel würfeln, Knoblauch hacken und alles in Olivenöl andünsten. Mit Fischfond (wahlweise Geflügel-/Gemüsefond) und Weißwein aufgießen und 30 bis 45 Minuten leicht köcheln lassen. Zirka 10 Minuten vor Ende Thymian und Estragon zugeben, dabei etwas für die Dekoration zur Seite legen. Danach alles durch ein mittleres Sieb drücken und mit Salz, schwarzem Pfeffer, Zucker und weißem Balsamico abschmecken.

Artischocken putzen und im sprudelnd kochenden Salzwasser mit der halbierten Zitrone und 1 Prise Zucker kochen. Abkühlen lassen, dann abschmecken.

Den Stielansatz der Okraschoten entfernen, dann die Schoten in Olivenöl bei mittlerer Hitze bissfest braten.

Fischfilets mit Olivenöl kurz und sehr scharf beidseitig anbraten, danach mit Salz und schwarzem Pfeffer würzen.

Das Gemüse in eine Tajine oder Auflaufform mit Deckel geben. Den Fisch auf das Gemüse setzen, den Sud angießen und abgedeckt im vorgeheizten Backofen bei 100 °C ca. 10 Minuten garen.

Für den Petersilien-Bulgur Zwiebel, Paprika und Knoblauchzehen in feine Würfel schneiden und in einem flachen Topf in Olivenöl glasig dünsten. Bulgur dazugeben und mitdünsten. Paprikapulver und Schwarzkümmel beimengen und mit dem Geflügelfond aufgießen. Den Zitronensaft zugeben und unter Rühren kurz aufkochen lassen. Dann den Topf mit einem Deckel schließen, die Herdplatte ausschalten und mit der Nachwärme noch 15–20 Minuten ziehen lassen.

Vor dem Servieren Butter, Petersilie und Minze unterheben. Eventuell mit Salz, Pfeffer und Chili nochmals abschmecken.

Schwarzes Olivenöl

Etwa 8 EL schwarze entkernte Oliven bei geöffneter Tür im Backofen trocknen lassen. Im Mixer fein mahlen und mit der gleichen Menge Olivenöl mischen.

Gebeizter Lachs

mit Safran-Panna-Cotta und Erdbeerspinat-Salat
von Emre Demiryüleyen

für den Lachs
500 g Lachs vom Mittelstück
3 EL grobes Meersalz, 2 EL Zucker
1 EL grob geschroteter schwarzer
    Pfeffer
5 EL gehackter Bronzefenchel
3 EL Raki (türkischer Anisschnaps)
Abrieb einer halben Zitrone
Abrieb einer halben Orange

für die Safran-Panna-Cotta
150 ml Sahne
50 ml Fischfond
50 ml Orangensaft
2 Msp. Safranfäden
1 ½ Blatt Gelatine
Salz, Zucker, weißer Pfeffer
etwas weißer Balsamico

für den Erdbeerspinat-Salat
100 g Erdbeerspinat
Saft einer halben Zitrone
¼ Bund Schnittlauch
1 Orange
1 EL gerösteter Sesam
Salz, Pfeffer, Zucker

Filet kalt abbrausen, trocken tupfen und mit der Hautseite nach unten in ein Gefäß legen. Mit den gesamten Zutaten gleichmäßig belegen und mit Folie abdecken. Dann leicht beschweren (z. B. 1 l Getränkekarton) und im Kühlschrank 24 bis 36 Stunden ziehen lassen.
Danach die Gewürze vorsichtig mit dem Messerrücken abschaben und den Lachs in Würfel oder feine Scheiben schneiden.

Die Gelatine in kaltem Wasser einweichen. Die flüssigen Zutaten mischen und kurz aufkochen lassen. Noch warm die zerriebenen Safranfäden dazugeben, die Gelatine zufügen und mit Salz, weißem Pfeffer, einer Prise Zucker und evtl. etwas weißem Balsamico abschmecken.
In Espressotassen oder Schnapsgläschen füllen und im Kühlschrank fest werden lassen.

Erdbeerspinat waschen, trocken schleudern und in eine Schüssel geben. Den Schnittlauch fein schneiden, die Orange filetieren und beides zum Erdbeerspinat geben. Den Sesam zufügen, alles vermengen und mit Salz, Pfeffer und Zucker abschmecken. Kurz ziehen lassen.

Kartoffelplätzchen

mit Nadelkerbel

300 g Kartoffeln
1 Zwiebel
1 Handvoll Nadelkerbel
1 Stück Butter
Salz, Pfeffer, Muskat
Ghee (Butterreinfett) zum Braten

Kartoffeln in der Schale kochen, heiß pellen und gleich mit der Zwiebel und dem Nadelkerbel durch den Fleischwolf drehen. Butter dazugeben, würzen, leicht verkneten und kühl stellen.
Aus der Kartoffelmasse Plätzchen formen und in Ghee von beiden Seiten goldbraun braten.

Koriander-Polentaschnitte

300 ml Gemüsebrühe
100 g Maisgrieß
je 1 Handvoll Korianderblätter,
    Schnittlauch, Petersilie
Salz, Pfeffer, Muskatnuss
2 EL Margarine

In die kochende Gemüsebrühe den Grieß einrühren, 2 Minuten umrühren und abkühlen lassen. Dann die Margarine dazugeben.
Die Kräuter klein schneiden und in die erkaltete Masse einrühren. Abschmecken, in eine rechteckige Auflaufform geben und bei 150 °C ca. 30 Minuten backen, bis sich der Rand löst. Aus der Form stürzen und in Rechtecke schneiden. Die Masse ergibt ca. 10 Stück.

Gefüllte Zucchini

12 runde oder Patisson-Zucchini
    (ca. 5–7 cm Durchmesser)
1 EL Öl
¼ l Gemüsebrühe
je 1 Handvoll Liebstöckel, Petersilie,
    Schnittlauch, Dill
250 g Quark, Frischkäse, Hüttenkäse
    und/oder Crème fraîche
Salz, Pfeffer, Selleriesalz
Borretschblüten zum Garnieren

Die Zucchini waschen, abtrocknen, am Stiel etwas aushöhlen und in einer Pfanne mit Öl von beiden Seiten leicht anschmoren. Die Gemüsebrühe darübergießen, etwas ziehen lassen und zum Abkühlen beiseite stellen.
Die Kräuter waschen, trocknen und hacken. Mit Quark, Frischkäse etc. vermischen und mit den Gewürzen abschmecken. Die Quarkmasse mit einem Spritzbeutel in die Zucchini füllen und mit einer Borretschblüte garnieren.

Frischlingsrücken

in der Kräuterkruste von Bernhard Tintemann

für 10–12 Personen
für den Kartoffelgugelhupf
1 kg Kartoffeln
2 Zwiebeln
250 g durchwachsener Speck
5 Eigelb
100 g Mehl
Salz, Pfeffer, Muskatnuss
Butter und Semmelbrösel für die
    Form
Butter zum Braten

1 Frischlingsrücken mit Knochen,
    ca 2,5–3 kg
5 Zweige Thymian
1 Zweig Rosmarin
1 Zweig Salbei
2 EL Schmalz
2 Möhren
500 g Sellerieknolle
2 Zwiebeln
1 TL Tomatenmark
200 ml kräftigen Rotwein
500 ml Wildfond
Salz, Pfeffer
8–10 Wacholderbeeren
1 Lorbeerblatt

für die Kruste
6 Stängel Engelwurz
60 g Zucker
120 ml Wasser

Die Engelwurzstängel in 5 cm lange Stücke schneiden. Wasser und Zucker aufkochen und die Engelwurz darin ca. 5 Minuten köcheln. Im Sud erkalten lassen, dann nochmals aufkochen. Das Ganze vier- bis fünfmal wiederholen, bis die Stängel sich gut mit Sirup vollgesogen haben.
Die Engelwurzstücke aus dem Sirup nehmen, auf ein mit Backpapier belegtes Backblech legen und 1–2 Tage bei Zimmertemperatur antrocknen lassen.

Für den Kartoffelgugelhupf am Vortag die Kartoffeln schälen, waschen und grob raspeln. In einem Küchentuch gut auspressen. Die Zwiebeln fein hacken und den Speck in feine Würfel schneiden. Beides in einer Pfanne mit Öl kurz anschwitzen und gut mit den Kartoffeln vermischen. Das Eigelb untermengen, mit Salz, Pfeffer und Muskat würzen. Nach und nach das gesiebte Mehl einarbeiten bis ein glatter Teig entstanden ist. Eine Gugelhupfform gut mit Butter ausfetten und mit Semmelbröseln ausstreuen. Den Kartoffelteig einfüllen und im vorgeheizten Backofen bei Umluft und 175° C für ca. 60–70 Minuten backen. Den fertigen Kuchen aus der Form stürzen und erkalten lassen.

Die Möhren putzen und in Scheiben schneiden. Den Sellerie und die Zwiebeln in grobe Würfel schneiden. Den Frischlingsrücken waschen, trocken tupfen und kräftig mit Salz und Pfeffer würzen. Das Schmalz in einem Bräter erhitzen und den Frischlingsrücken auf der Fleischseite scharf anbraten. Den Rücken wenden, Möhren, Sellerie, Zwiebeln, Tomatenmark, Wacholderbeeren und Lorbeer zufügen und mitrösten. Mit dem Rotwein ablöschen und einreduzieren lassen, dann den Wildfond angießen und den Frischlingsrücken zugedeckt bei 130–140 °C im Backofen für ca. 35–45 Minuten schmoren. Dabei gelegentlich mit dem Schmorfond begießen.
Für die Zubereitung der Kruste, die vorbereitete Engelwurz in Würfelchen schneiden. Die Butter schaumig schlagen, dann nach und nach die Eier unterrühren. Zuletzt die Semmelbrösel, Kräuter und Engelwurz einarbeiten bis eine dicke Paste entsteht.

150 g zimmerwarme Butter

3 Eier

120–130 g Semmelbrösel

6 EL gehackte Kräuter (Wiesenkerbel, Beifußblätter, Thymian,
Giersch, Petersilie)

für die Balsamico-Kirschen

2 EL Zucker

4 cl Portwein

⅛ l Kirschsaft

30 g eiskalte Butter

3 EL Balsamico

250 g Herzkirschen

Salz, Pfeffer

Den Frischlingsrücken mit der Paste bestreichen. Zurück in den Backofen stellen und bei ca 200 °C 15–20 Minuten überbacken, bis eine goldbraune Kruste entstanden ist. Den Rücken aus dem Bräter nehmen, mit Alufolie abdecken und bei 90 °C im Backofen warmstellen. Den Bratfond durch ein Sieb passieren und etwa ⅛ l davon abmessen.

Währenddessen für die Balsamico-Kirschen den Zucker in einer Kasserolle karamellisieren, mit dem Portwein ablöschen und etwas einreduzieren. Dann den Kirschsaft und den abgemessenen Bratfond zugeben und auf die Hälfte einkochen. Die eiskalte Butter und den Balsamico in die heiße Sauce mit einem Schneebesen einrühren und nicht mehr kochen lassen. Die Kirschen in die Sauce geben und kurz erhitzen. Nicht mehr kochen lassen, da sonst die Sauce gerinnt. Mit Salz und Pfeffer abschmecken. Den Kartoffelgugelhupf vom Vortag kalt in Scheiben schneiden und in einer Pfanne bei mittlerer Hitze mit Butter leicht gold-gelb anbraten. Den Frischlingsrücken ebenfalls aufschneiden und zusammen mit dem Kartoffelgugelhupf und den Balsamico-Kirschen anrichten.

Bärenklauküchlein

½ l Milch
200 g Mehl, 3 Eier
1 Prise Salz, ein Schuss Öl
ca. 25 Bärenklaublütendolden

Aus Milch, Mehl, Eiern, Salz und Öl einen Pfannkuchenteig anrühren. Dolden vom heimischen Wiesenbärenklau leicht abklopfen und in den Pfannkuchenteig tauchen. In einer Pfanne mit reichlich Öl ausbacken, eventuell mit Puderzucker bestreuen.

Holunder-Joghurt-Mousse
von Katrin de Jong

2 Eier
80 g Zucker
2 EL Zitronensaft
1 TL Zitronenschale
Agartine für ca. 500 g Flüssigkeit
125 ml Sahne
250 g Joghurt
3–4 EL Holundersirup (nach Geschmack)

Die Eier trennen und die Eigelbe mit Zucker solange schaumig rühren, bis das Eigelb weißlich wird. Frisch gepressten Zitronensaft leicht erwärmen, geriebene Schale einer unbehandelten Zitrone zufügen und Agartine darin unter Rühren auflösen. Vom Herd nehmen und etwas abkühlen lassen. Von der Eigelbmasse 2 EL abnehmen und unter den Zitronensaft rühren. Dann erst den Zitronensaft unter die restliche Eigelbmasse rühren. So gibt es keine Klümpchen. Die Sahne steif schlagen. Dann den Joghurt, den Holundersirup und die steif geschlagene Sahne in die Masse einrühren. Die Eiweiß steif schlagen und unter die Holundermousse ziehen.
Als Dekoration passen mit Schokolade überzogene Gundermannblätter.

Engelwurz-Fruchtauflauf

2 Birnen, 2 Äpfel, 2 Quitten
20 Zwetschgen
100 ml Saft oder Wein
100 g Engelwurzstängel
100 g Honig
je ½ TL Kreuzkümmelsamen, Anissamen, Fenchelsamen, Pfefferkörner
4 Eier, etwas Butter

Obst waschen, klein schneiden, in etwas Saft oder Wein weich kochen, aber nicht zerfallen lassen! Engelwurzstängel in kleine Ringe schneiden und in geschmolzenem Honig auf kleiner Flamme kandieren. Die Samen im Mörser zerstoßen. Die Eier verquirlen und Engelwurz und Gewürze dazugeben. Das Obst in eine gebutterte Form geben, die Eimasse darübergießen. Im vorgeheizten Backofen bei 150 °C ca. 1 Stunde backen, bis das Ei gestockt ist.

Roseneis

100 g Zucker
100 ml Wasser
1 Handvoll Rosenblütenblätter
1 EL Rote-Bete-Saft
500 ml Sahne
250 g Joghurt

Etwas Wasser aufkochen, den Zucker darin auflösen und einkochen lassen. Anschließend gut abkühlen. Rosenblütenblätter, Rote-Bete-Saft und Zuckerwasser miteinander pürieren. Zusammen mit der Sahne und dem Joghurt in der Eismaschine verrühren, bis die gewünschte Konsistenz erreicht ist.

Rhabarberstreuselkuchen

mit Süßdolde

3 große Stangen Rhabarber
100 g Zucker
5 Stängel Süßdolde
600 g Mehl
400 g Butter
200 g Zucker

Rhabarberstangen waschen, in Stücke schneiden, mit Zucker und der klein geschnittenen Süßdolde bestreuen. Beiseite stellen, bis sich Saft gebildet hat. Anschließend gut abtropfen lassen. Mehl, Butter und Zucker zu einem Teig verkneten. Die Hälfte in eine Springform drücken und mit den abgetropften Rhabarberstückchen belegen. Den restlichen Teig als Streusel über den Rhabarber geben. Im vorgeheizten Ofen bei 150 °C ca. 1 Stunde backen, bis der Rand goldbraun wird.
Die Süßdolde mildert die Herbe des Rhabarbers.

Spargel-Panna-Cotta

mit Erdbeer-Waldmeister-Sirup von Bernhard Tintemann

für 8 Portionen
für den Waldmeistersirup
(ergibt ca. 400 ml)
15 Stängel Waldmeister ohne Blüten
500 ml stilles Mineralwasser
500 g Zucker
½ Zitrone

für die Spargel-Panna-Cotta
500 g weißer Spargel
300 ml Sahne
½ Vanilleschote
1 Prise Salz, 35 g Zucker
4 Blatt Gelatine
Abrieb ½ Limette
500 g Erdbeeren

Mineralwasser und Zucker in einem großen Kochtopf erhitzen. Die Waldmeisterstängel in den Sud legen und köcheln lassen, bis die Flüssigkeit etwas zäh wird. Die Zitrone in Scheiben schneiden, dazugeben und nochmals eine Minute kochen lassen. Den Sirup für ca. 5 Tage kaltstellen, nochmals aufkochen, durch ein feines Küchensieb passieren und in Flaschen oder in Einmachgläser füllen und gut verschließen.

Den Spargel schälen und die Enden abschneiden. Die Spargelspitzen abschneiden und beiseite legen, die Stangen in dünne Scheiben schneiden. Die Vanilleschote aufschlitzen und das Mark auskratzen, beides in die Sahne geben und zusammen mit dem Spargel, Zucker und Salz ca. 15 Minuten kochen. Vanilleschote entfernen, die Masse pürieren und durch ein feines Küchensieb streichen. Die Gelatine in kaltem Wasser einweichen, gut ausdrücken und in der noch heißen Masse auflösen. Die Spargelmasse in Gläser füllen und für mindestens 1 Tag kalt stellen. Wasser mit Salz, Zucker und etwas abgeriebener Limettenschale aromatisieren und zum Kochen bringen. Die Spargelspitzen über dem Wasserdampf garen. Die Erdbeeren in Scheiben schneiden und damit die Teller flach auslegen, mit dem Waldmeistersirup marinieren. Die gekühlte Panna Cotta auf die Erdbeerscheiben stürzen, die Spargelspitzen halbieren und die Panna Cotta damit garnieren.

Süßdolden-Pesto von Frank Aussem

6 EL Pflanzenöl, 18 EL Walnussöl
je 6 g Süßdolde und Zitronenmelisse
10 g geröstete Pistazien
20 ml hellen Balsamico
40 g Honig,
10 g weiße Kuvertüre
Salz, weiße Pfefferkörner

Die Kräuter grob zerkleinern, mit der halben Menge Öl im Mörser stößeln. Dann die Pistazien zugeben und weiter mörsern, danach das restliche Öl, Salz und die Pfefferkörner zufügen und alles gut vermengen. Anschließend den Honig und den Balsamico zugeben, unterrühren, dann die weiße Kuvertüre unterrühren. Mindestens 2 Stunden mit Folie abgedeckt im Kühlschrank ruhen lassen. Dazu passen mit Puderzucker und Orangensaft marinierte Früchte.

Erdbeerragout

mit süßem Spargel auf Süßdolde-Joghurtcreme
von Kerstin Seifert

400 g Erdbeeren
3 EL Weinbergpfirsichlikör
200 g weißer Spargel
100 g brauner Zucker
80 ml Orangensaft
1 Msp. Curcuma
200 g Joghurt
50 ml Sahne
1 EL Honig
2 Stängel Süßdolde

Erdbeeren waschen, putzen, je nach Größe halbieren oder vierteln. Mit Likör marinieren.

Spargel schälen und schräg blättrig schneiden. Braunen Zucker in einem flachen breiten Topf karamellisieren und mit Orangensaft ablöschen. Spargel und Curcuma zugeben, im Sud bissfest kochen und abkühlen lassen.

Joghurt mit Sahne, Honig und klein geschnittener Süßdolde glattrühren. Alles kühl stellen.

Kurz vor dem Servieren erst Joghurt, dann Erdbeeren und zuletzt den Spargel in Gläser schichten.

Sirup ...

von der Holunderblüte

ergibt 2 l
100 Holunderblüten
1 ½ l Wasser
300 g Zucker

Voll aufgeblühte Holunderblüten pflücken, in ein hohes Einmachglas schichten und gut eindrücken. Mit Wasser aufgießen, den Deckel darauflegen, an ein Fenster für ca. 3 Tage in die Sonne stellen.

Das so gewonnene Holunderwasser durch ein Sieb in einen Topf gießen und mit reichlich Zucker aufkochen. Noch heiß in vorbereitete Flaschen füllen und mit einem Schraubdeckel verschließen.

von Rosenblättern

ergibt ca. 1 ½ l
100 Rosenblüten
1 l Wasser
200 g Zucker

Blütenblätter von stark duftenden, ungespritzten Rosen, wie z. B. von der Apfelrose, vom Kelch ablösen und in einem Mixer zerkleinern. Anschließend in Wasser sieden, durch ein Sieb gießen und mit reichlich Zucker köcheln. Noch heiß in Flaschen füllen und mit einem Schraubdeckel verschließen.

von der Süßdolde

ergibt ca. 1 ½ l
1 ½ Handvoll Süßdolde
1 ¼ l Wasser
250 g Zucker

Blätter, Stängel und Früchte von der Süßdolde etwas klein schneiden, mit reichlich Wasser ca. 20 Minuten kochen. Dann abseihen und die Flüssigkeit mit etwas Zucker köcheln lassen. Anschließend in Flaschen füllen und mit Schraubdeckeln verschließen.

Engelwurz-Fruchtaufstrich

für ca. 10 Gläser à 200 g
je 1 kg Zwetschgen und Äpfel
ca. 700 g Gelierzucker 2:1
je Glas 1 gehäufter EL kandierte
    Engelwurzstängel

Im Dampftopf Zwetschgen und Äpfel mit etwas Wasser aufkochen und abdampfen lassen. Durch ein Sieb streichen und gut abtropfen lassen. Den Saft mit dem Gelierzucker nach Packungsangabe mischen und aufkochen lassen. In vorbereitete Gläser füllen, je 1 EL kandierte Engelwurzstängel einrühren und zuschrauben.

Tomaten-Basilikum-Pesto
von Iris Laib

125 g getrocknete Tomaten
2 EL weißer Balsamico
2 EL Pinienkerne
2 Knoblauchzehen
1 kleine rote Peperoni, mittlere
  Schärfe
1 gute Handvoll Basilikumblätter
abgeriebene Schale von einer
Zitrone
ca. 6–8 EL Olivenöl

Die getrockneten Tomaten mit dem Balsamico in heißem Wasser ca. 30 Minuten einweichen. Abgießen, dabei das Einweichwasser auffangen (für eine Suppe oder zum Nudelkochwasser dazugeben). Die Pinienkerne in einer Pfanne ohne Fett leicht anrösten. Die Knoblauchzehen grob in Stücke schneiden und die Pepperoni entkernen und ebenfalls klein schneiden. Tomaten, Pinienkerne, Knoblauch, Peperoni, Basilikum und Zitronenschale zusammen im Mixer pürieren und nach und nach das Öl angießen. Das Pesto in ein Glas geben, komplett mit Olivenöl bedecken und Ränder gut säubern (unbedeckte Stellen schimmeln schnell). Fest verschlossen hält es sich im Kühlschrank mindestens 1–2 Wochen.

Von **Juli** bis

August im Kräuterjahr

„Römisches, Mediterranes und Sommerliches"

Juli- und August-Kräuter

Wir finden wie im Frühjahr immer noch alle Wildkräuter auf den Wiesen und im Garten, bis auf Bärlauch und Waldmeister.

Im Garten oder auf dem Balkon können wir diese Kräuter ernten

- Basilikum, Bohnenkraut, Katzenminze, Lavendel, Minzen, Monarde und Agastachen, Muskatgarbe, Pfefferkraut
- Portulak als saftiger Sommersalat
- Salbei für leckere Spaghetti mit Salbeibutter
- Zitronenkatzenminze für Dessert und Tee
- Zitronenmelisse und Kretische Melisse

Borretschgewächse mit Blüten

- Austernpflanze, Borretsch, Beinwell, Ochsenzunge, Natternkopf, Lungenkraut, Vergissmeinnicht

Römisch-Mediterranes und Sommerliches

Von den Italienern lernten wir viel über Basilikum oder Rucola und von den Franzosen haben wir die Fines Herbes oder die Kräuter der Provence. Aber das alles stammt noch von den Römern, die, wie aus dem Buch des römischen Autoren Apicius überliefert ist, sich nicht scheuten, üppig mit Kräutern zu kochen und zu würzen. Und ganz nebenbei fasziniert mich dabei die Tatsache, dass wir unseren Vorfahren mit den Kräutern wirklich ganz hautnah begegnen können – echte erlebbare Geschichte! Beliebt waren in der römischen Küche zwar vor allem Pfeffer, Oregano und Liebstöckel, aber natürlich auch Rosmarin, Thymian, Salbei und Ysop und viele Kräuter und Gewürze, die wir heute nicht mehr kennen. Übrigens sind die meisten mediterranen Kräuter auch Lichtkeimer, das heißt, dass die Samen nicht oder nur ganz wenig mit Erde bedeckt keimen können.

Apropos Süden, Sommer, Sonne und August: Nach dem Abernten von Gemüsen, säen wir den Feldsalat, und so kann man es auch mit einigen anderen leckeren Winterkräutern tun, die im Frühling in Blüte gehen und deren Samen man für August sammeln kann.
Ich mache es mir noch einfacher und lasse einige prächtige Pflanzen Feldsalat, Felsenblümchen, Postelein, Löffelkraut, Barbarakraut oder Kerbel

an geeigneten Stellen stehen, damit sie sich selbst aussäen oder von Wind und fleißigen Gartentieren verteilt werden. So entscheiden sie selbst oder die Wetter- und Lichtbedingungen, wann gekeimt werden kann.

Bohnenkraut – entspannt gespannte Bäuche

Seit dem 9. Jahrhundert wurde Bohnenkraut in Mitteleuropa angebaut und fehlte in keinem Klostergarten. Ihren Namen verdankt die Pflanze dem Umstand, dass sie verdauungsfördernd und blähungswidrig wirkt. Es ist das einzige Kraut, das auch heute noch automatisch auf Wochenmärkten zu Bohnen mit eingepackt wird, denn es verleiht diesen Hülsenfrüchten nicht nur ein würziges Aroma, sondern macht sie gleichzeitig bekömmlich und besser verdaulich. Aus dieser Erfahrung heraus wurde auch bei Durchfall und Magenschmerzen Tee aus diesem Kraut getrunken.

Kräuterporträts von Juli bis August

Mediterranes

Über die aromatischen mediterranen Lippenblütler ist schon so viel geschrieben worden, dass ich die bekannten und beliebten Würzkräuter aus südlichen Gefilden zusammenfassen möchte. Wir verdanken es der römischen Küche, dass Basilikum, Bohnenkraut, Majoran, Rosmarin, Salbei, Thymian aber auch Oregano, Minzen, Lorbeer und Ysop seit über 2000 Jahren in der Küche eine wichtige Speise- und Würzrolle spielen. Allerdings hatten gerade die Römer ein viel breiteres Gewürz- und Kräuterspektrum, an das wir uns erst langsam wieder herantasten.

Bergbohnenkraut

(Satureja montana)

Das mehrjährige, robuste, winterharte und wintergrüne Bergbohnenkraut z. B. wird klassischer Weise als Zutat für Bohnen, Suppen und deftige Speisen verwendet und das nicht nur seines pfeffrigen und kräftigen Geschmackes wegen, sondern auch weil es einen günstigen Einfluss auf die Verdauung hat. Ein Blättchen kurz angeknabbert, entfacht auf der Zungenspitze eine beißende Schärfe und entfaltet sein Aroma schnell im ganzen Mund.

Zitronenbergbohnenkraut

(Satureja montana var. Citriodora).

Eine ebenso pfefferscharfe Variante ist das struppig wachsende und weiß blühende Zitronenbergbohnenkraut. Wenn man sanft mit der Hand über die Blätter streicht, mischt sich ein edler Zitronenduft unter das typische Bohnenkrautaroma, den es auch beim Kochen behält und an die Speisen abgibt. Eine frische Alternative für den Kochtopf und eine hübsche Pflanze für den Garten.

Beide Bohnenkräuter lassen sich auch als kleine Kräuterhecke kultivieren und vertragen kräftige Rückschnitte bzw. Strukturschnitte. Je mehr man

diese schnell verholzenden Stauden schneidet, desto verzweigter und buschiger werden sie. Man sollte nur darauf achten, dass unter der Schnittstelle noch ein paar grüne Blättchen stehen gelassen werden.

Ich schneide meine Kräuter spätestens im August ziemlich weit herunter
und dann erst wieder Ende April, bzw. kurz vor dem Neuaustrieb. Schneidet
man später im Herbst, haben die Kräuter weniger Chancen noch mal nach-
zutreiben, um sich einen Winterschutz mit ihren neuen Zweigen und Blättern zu bilden, und die kahlen Schnittstellen sind dem Frost ausgesetzt.

Majoran

(Origanum majorana)

Majoran ist zwar als typisches Wurstgewürz bekannt, doch es wird auch
als Suppengewürz, in Fleisch-, Fisch- und Geflügelsalaten, mit Hülsenfrüchten, Bratkartoffeln und Käsespeisen verwendet. Ich liebe das zarte
Pflänzchen, die tief aromatischen cremigen Blättchen, die schon bei der
leisesten Berührung eine enorme Würze verströmen. Bei warmer Witte-
rung gedeiht es schnell und hat nichts gegen häufiges Beernten und je
geschützter es steht, desto mehr Freude hat man an dem feinen Majoran.
Leider gibt es nicht wirklich eine winterharte Sorte und meine Versuche,

jene im Gewächshaus zu ziehen, scheitern an den langen tiefen Minusgraden im Hunsrück und natürlich auch daran, dass wir einfach nicht so viel Licht im Winter in Deutschland haben. Es lohnt sich aber, den Majoran im Frühling zu säen und im Garten, auf dem Balkon oder auch in der Küche in Töpfen zu ziehen, um sich für den Winter einen Vorrat zu trocknen.

Ansonsten muss man auf seine robusten Brüder der anderen Oreganoarten zurückgreifen, allen voran der heimische Dost, der im Spätsommer überall seine dunkelrosa Blütenköpfe über die Wiesen und Böschungen reckt.

Oregano
(Origanum vulgare)

Im Kräutergarten kultiviere ich verschiedene Oreganosorten wie den Goldoregano, eine weiß-grün panaschierte Sorte oder andere duftige oder reichblühende Varianten, die auch immer unterschiedlich schmecken. Besonders scharf im Geschmack sind der Griechische Oregano (*Origanum vulgare subsp. hirtum, Origanum heracleoticum, Origanum smyrneaeum*) und der ebenfalls behaarte und weißblühende Kretische Oregano (*Oregano samothrake*). Beide Arten eignen sich bestens für unser Klima, da sie sehr robust und absolut winterhart sind. Der auch Heidegünsel genannte Fruchtoregano (*Origanum vulgare „Compactum"*) blüht fast den ganzen Sommer lang und bildet üppig duftende grün-rosa Polster, die sich bildhübsch an Mauern oder in Kübeln und Steingärten machen. Auch am Fuße anderer größerer Pflanzen, wie zum Beispiel Rosen oder kleiner Obstbäumchen, bilden die Fruchtoreganopflanzen einen herrlichen Bodendecker.

Rosmarin
(Rosmarinus officinalis)

Der allbekannte Rosmarin ist nicht nur ein beliebtes Gewürz der antiken römischen Küche gewesen, sondern erfreut sich noch heute, neben der Petersilie, als selbstverständliches Küchenkraut. Wie wäre es zum Beispiel mal wieder mit Rosmarinkartoffeln? Ein Zweig mitgegart oder mitgebraten bringt so viel wunderbares eigenes Aroma, dass man sonst nicht mehr würzen muss. Und dabei verleibt man sich gleich die vielfach günstigen

Majoran – würzig und entspannend

Majoran schmeckt nicht nur lecker an Kartoffelgerichten. Er enthält ein ätherisches Öl, das entspannend und beruhigend wirkt. Wie so viele in antiken Schriften beschriebene Kräuter schien der Majoran ein wahrer Alleskönner zu sein, während wir ihn fast nur noch als Gewürz kennen. Was sich in der Volksmedizin noch erhalten hat, ist die Verwendung einer Majoransalbe bei Schnupfen. In der Aromatherapie wird er häufig in entspannenden Ölmischungen verwendet, die zur Massage oder als Badezusatz dienen. Wer also nervös ist und auch noch an Stockschnupfen leidet, sollte ihn in der Aromalampe ausprobieren und sich noch mit würzigen Bratkartoffeln verwöhnen.

wie zum Beispiel die verdauungsfördernden Eigenschaften mit ein!
Zwar ist der Rosmarin in unseren Breiten nur in warmen Flusstälern, in
denen auch Weinreben gedeihen, gut über den Winter zu bringen, aber er
hat nichts dagegen, über Jahre in großen Kübeln zu wachsen, wenn man
ihm ordentlichen Winterschutz bietet. Im Folientunnel oder Gewächshaus
macht er sich prächtig und lässt sich viele Male im Sommer ernten, dabei
scheint ihm der Boden relativ egal zu sein, solange er nicht in Staunässe
steht. Auf meiner kleinen Winterexkursion in Andalusien sah ich in den
Bergen ganze Hänge voller Rosmarin, Thymian, Lavendel und Weinraute
und erfreute mich besonders an den blühenden Rosmarinstauden!

Salbei
(Salvia officinalis)

In meinem Garten zieren verschiedene bunte winterharte Salbeisorten die
Beete und leisten vorzugsweise den Rosen Gesellschaft oder bilden mit
ihrem dichten Wuchs kleine Hecken, wie zum Beispiel „Tricolor", „Pur-
purascens" oder „Icterina". Aber es gibt jede Menge weitere. Viele weitere
wunderbare Salbeiarten, die allerdings nicht winterhart sind, unterscheiden sich in Form und Farbe der Blätter und Blüten und spielen mit den
schönsten Düften. Im Warmgewächshaus oder Wintergarten lassen sich
diese Arten gut über viele Jahre ziehen, um damit in der Küche zu expe-
rimentieren. So schwenke ich am liebsten ein paar Salbeiblätter kurz in
Butter und genieße das Ganze zusammen mit einfachen Spaghetti!

Thymian
(Thymus vulgaris)

Auch beim Thymian finden wir viele verschiedene Varianten, bis hin zum
Zitronenthymian (*Thymus vulgaris citriodorus*), der sogar auf kargen
Hunsrückwiesen wächst, die sich alle gut im Garten oder in Pflanzgefäßen
ziehen lassen. Mit ihrem aufrechten oder kriechenden Wuchs und ihrer
geringen Höhe gestalten sie paradiesisch kleine Gärten, Steingärten und
Balkone und sind zum Würzen jederzeit griffbereit. Hier gilt wieder, dass
Schneiden oder Ernten den Pflanzen eine buschige Struktur verleiht.
Besonders apart schmeckt auch der Orangenthymian (*Thymus fragrantis-
simus*).

Rosmarin – Brautkranz und Bouquet garni

Bereits im Aphroditekult be-
kränzte man mit den immergrü-
nen Zweigen und leuchtend blau-
en Blüten des Rosmarin die der
Liebesgöttin geweihten Statuen.
Daraus entstand der Brauch, ihn
zu Brautkränzen zu winden, als
Symbol für die immerwährende
Liebe und Treue. Auch als Zutat
für diverse Schönheitswässer und
Badezusätze war er lange in Mode.
Tatsächlich fördert Rosmarin bei
äußerlichem wie innerlichem Gebrauch die Durchblutung. Er verhilft nicht nur zu einem rosigen
Teint, sondern auch zu mehr
Schwung im Kreislauf. Rosmarin
entspannt und entkrampft die Gal-
lengänge und trägt zu einer bes-
seren Fettverdauung bei. Zusammen mit seinem herrlichen Aroma
ist dies sicher mit ein Grund, warum er in ein Würzsträusschen für
Lammgerichte gehört.

Spanischer Thymian
(Thymus zygis)

Mit dieser Thymiansorte würzen wir die unterschiedlichsten Speisen, wie zum Beispiel unser leckeres Roseneis oder auch diverse Kuchen oder Fruchtaufstriche, da diese Thymianart eine sehr süßlich-aromatische Note hat. Leider sind die zarten Gewächse nicht sehr winterhart, lassen sich aber rasch über Samen in einem Jahr kultivieren, sodass man reichlich ernten kann.

Quendel
(Thymus pulegioides)

Die berühmte Hildegard von Bingen verwendete vor allem den Quendel, eine heimische Thymianart, die schöne Teppiche bildet, sehr wuchsfreudig ist und sich wunderbar als Duftrasen, Bodendecker, in Steingärten und Kübeln macht. Der Geschmack ist mild, die Blättchen wesentlich größer und runder als beim aufrecht wachsenden Thymian.

Minzen

Obwohl ich die starken Minzen nicht so recht vertrage, liebe ich ihren Duft und ihre verschiedenen Aromen und Formen. Über die Jahre konnte ich für den Garten eine Auslese treffen und mich wieder von der Mehltau anfälligen Ingwerminze und der allzu invasiven Apfelminze befreien.

Schon seit einigen Jahrzehnten bewegt sich eine einfache Minze, die noch von den Vorbesitzern stammt, durch den Garten. Vielleicht ist das sogar eine sehr alte Sorte, die von Generation zu Generation auf diesem Stück Land existiert. Um dem starken Durchwirken des Gartens durch die Minzwurzeln zu entgehen, kann man die Minzen in großen Plastik- oder Tontöpfen im Boden vergraben – allerdings muss ein kleiner Rand aus der Erde herausschauen, denn die Minzausläufer kriechen auch oberhalb der Erde herum. Aber wer weiß, ob das dem Gartenboden und Nachbarpflanzen nicht vielleicht sehr zuträglich ist. Minze ist ja auch bekannt als wunderbarer Kartoffelnachbar, also sollte man nicht allzu sehr davor zurückschrecken, dass so manche Minze durch den Garten wandert.

Salbei – bringt das Heil

Salbei ist eine sehr alte Heilpflanze. Ihr Name rührt von dem lateinischen Wort für „heilen". Er hat entzündungshemmende und wundheilungsfördernde Eigenschaften, die in „vor-antibiotischen" Zeiten hoch geschätzt wurden. Schon früh hatte man seine schweißhemmende Wirkung beobachtet. Heute werden Teezubereitungen aus Salbei als Mundspülungen oder zum Gurgeln bei Entzündungen im Mund- und Rachenraum empfohlen. Bevor man ihn jedoch bei übermäßigem Schwitzen einsetzt, sollte eine sorgfältige Diagnose erfolgen, damit man keine ernsthaften Erkrankungen wie z. B. eine Schilddrüsenüberfunktion oder Bluthochdruck verschleiert. Danach kann man jedoch eine kurmäßige Anwendung versuchen.

Quendel – Renaissance dank Hildegard

Quendel ist ein enger Verwandter des Thymians. Auf ungedüngten Wiesen war er früher weit verbreitet und ein geschätztes Volksheilmittel. Die zunehmende Popularität der Klosterfrau aus Bingen, der Heiligen Hildegard, rückt auch den Quendel wieder in den Blickpunkt der Kräuterfans, überwiegend in der Gewürzküche. Er wurde wie sein Verwandter aus dem Mittelmeerraum gerne zur Linderung von Husten und Erkältungskrankheiten verwendet. Er gehörte jedoch auch zu einer Anzahl aromatischer Kräuter, mit denen man das Lager der Wöchnerinnen auslegte und die den Namen „Maria Bettstroh" trugen. Das Ausdünsten der keimhemmenden ätherischen Öle dieser Kräuter und ihre insektenabwehrende Wirkung schützte die Frauen so vor nachgeburtlichen Infektionen.

Apfelminze

(Mentha rotundifolia oder Mentha suaveolens)

Es lohnt sich, die stark duftende Apfelminze im Garten oder besser im Kübel zu halten. Denn ihr unvergleichlich kräftig minziges Aroma wird viel in England für Soßen verwendet und ihre großen hellgrünen und stark behaarten Blätter kommen als Dekoration in Salat, in Gemüse und als Würze zum Einsatz.

Ananasminze

(Mentha suaveolens „Variegata")

Sehr milde im Geschmack ist zum Beispiel die Ananasminze, die mit ihren panaschierten zarten Blättern und mit sehr fruchtigem Aroma überzeugt, vor allem auf einer Ananas-Sahnetorte! Und auch im Beet bringt sie mit ihren weiß und grün gefleckten Blättern interessante Akzente.

Bananenminze

(Mentha arvensis „Banana")

Ganz besonders interessant finde ich die Bananenminze mit ihrem weichen süßen Bananenaroma.

Erdbeerminze

(Mentha species)

Auch diese Minze, die wie Erdbeerbonbons mit Sahne duftet und schmeckt, gehört zu meinen Lieblingen.

Bergamottminze

(Mentha piperita var. citrata)

Wer koffeinfreien Earl Grey Tee genießen möchte, sollte es einmal mit der hübschen Bergamottminze versuchen. Ihre rotgerandeten rundlichen Blättchen verströmen schon bei zarter Berührung einen unwiderstehlichen Bergamottduft! Auch diese Minze ist robust und winterhart, leicht aus Ausläufern nachzuziehen und bereichert jeden Duftgarten. Wie übrigens meine Lieblingsminze, die sogenannte Schokominze.

Schokominze

(Mentha piperita var. piperita „Schoko" oder Mentha piperita „Multimentha"
Thüringische Minze)

Die Schokominze sieht der Bergamottminze sehr ähnlich, aber dafür schmeckt sie wie „After Eight" und verbreitet ein herrliches Schokoladenaroma, das sich auch in unserem Kuchen, dem „Kalten Hund", zartschmelzend bemerkbar macht.

Poleiminze

(Mentha pulegium)

Sie war ein beliebtes Gewürz der antiken römischen Küche und steht ein wenig abseits mit ihrem intensiven minzigen Geschmack und ihren medizinischen Eigenschaften. Von der Verwendung rät die Kommission E aber ab, vor allem bei Schwangerschaft. Also verwenden wir die Poleiminze als herrlich duftenden Bodendecker.

Korsische Minze oder auch Polsterschokominze

(Mentha requienii)

Der Poleiminze sehr ähnlich von der Intensität des Minzaromas finde ich die kleine korsische Minze. Als Duftpolster und Bodendecker im Steingarten oder als zierliche Kübelpflanze sind die winzigen Blätter und wirklich winzigen lila Blütchen dieser intensiven Schoko- und Minzpflanze einfach unschlagbar. Auch wenn die beiden letztgenannten Minzen kulinarisch nicht verwendet werden sollten, sehe ich sie als Bereicherung für den Garten und unverzichtbar für eine tolle „Streichelwiese"! (Übrigens sei hier auch die am Boden entlangkriechende Rasenkamille genannt.)

Ob nun Pfefferminze, Limonenminze, Orangenminze, Spearmint, Marokkanische Minze, Nana Minze oder all die oben genannten Minzen – sie alle bringen geschmackliche Variationen in die Speisen, Getränke, Desserts und Kuchen und man kann sie kontrastreich verwenden. Minzen passen eigentlich zu allen Speisen, ob scharf, süß, salzig, bitter.

Pfefferminze – Frischmacher in Maßen

Die Pfefferminze gehört neben der Kamille wohl zu den bekanntesten Teekräutern. Das Aroma und ihr Reichtum an ätherischen Ölen verbreitet ein Gefühl von Frische und Reinheit und macht sie so beliebt für Atem reinigende Bonbons oder Kaugummis. Fast jeder von uns verbindet kindliche Bauchschmerzen mit der Erinnerung an einen krampflösenden und schmerzlindernden Tee aus diesem Kraut. Inzwischen hat das Pfefferminzöl auch einen festen Platz in der Behandlung von Spannungskopfschmerzen, wo es sich zumindest in leichten bis mittleren Fällen einem herkömmlichen Schmerzmittel als gleichwertig erwiesen hat. Da jedes Ding zwei Seiten hat, sollte man Pfefferminztee nicht ständig genießen, denn die ätherischen Öle können die Magenschleimhaut reizen und er kann bei Dauergebrauch Kopfschmerzen auslösen.

Spearmint

Zitronenmelisse — für Bienen und bei Alltagssorgen

In ihrem Namen steckt das griechische Wort für Biene (mélissa), denn ursprünglich wurde sie als Bienenfutter angepflanzt. Was der Biene recht war, musste auch für Menschen nützlich sein. Und so wurde sie schon bald als Balsam für Herz, Magen und Nerven gelobt. Die Melisse wirkt mild beruhigend und fördert die Verdauung. Ein abendlicher Tee hilft von der Hektik des Tages abzuschalten und bremst das viele Menschen plagende Gedankenkarussell. Zur Melisse sollte derjenige greifen, dem die Alltagssorgen auf Herz und Magen schlagen. Zusammen mit einem Abendspaziergang verhilft sie dann zu einem erholsamen Schlaf. Nicht umsonst wurde sie Namensgeberin und Hauptbestandteil des alten klösterlichen „Melissengeistes".

Wenn man Minzen in begrenzten Gefäßen wachsen lässt, sollte man ihnen viel leckeren Humus, sprich Kompost, gönnen, lockere feuchte Erde, gute Drainage und sie wenigstens alle zwei Jahre umsetzen oder neu topfen. Dann machen sie sich prächtig auch auf der Fensterbank. Auch wenn die Minzen sehr anspruchslos sind und Trockenheit oder Nässe gut überstehen, kann man sie viel üppiger ernten, wenn sie sonnig aber nicht austrocknend stehen und immer gute Nährstoffe erhalten.

Für einen Wintervorrat empfehle ich immer wieder, kurz vor der Blüte zu ernten und die einzelnen abgezupften Blätter schnell, trocken, warm aber schattig zu trocknen, was mit einem Dörrgerät auf niedrigster Stufe meiner Meinung nach am Besten geht. In verschlossenen Tüten für Tee aus Papier sind die getrockneten Blätter gut aufbewahrt. Zwar sehen umgekehrt aufgehängte Kräuterbüschel ganz hübsch aus, aber die Sträuße verstauben und das Aroma verschwindet allzu schnell.

Monarde und Agastache

(Monarda didyma) und (Agastache foeniculum), Lamiaceae

Nicht nur auf Grund der wirklich brillanten kräftig roten Blütenpracht bevorzuge ich besonders die Indianernessel oder Goldmelisse genannte Duft-, Tee- und Heilpflanze *Monarda didyma*. Der Duft und Geschmack ihrer Blüten und Blätter, pur genossen als Tee oder als Würze für herbe oder süße Speisen, erinnert zwar an Bergamotte-Öl, ist aber wesentlich lieblicher und feiner und entbehrt der Zitrusnote.

Die aus Nordamerika stammende frostharte Staude ist mit ihrem hohen Wuchs, ihrer Genügsamkeit und ihrer Blütenfarbe eine wahre Zierde im Kräuter- und Blumenbeet, vermehrt sich langsam über Bodenausläufer und blüht ungefähr von Juli bis September. In dieser Zeit kann man alle paar Tage die blutroten Blüten ernten, frisch verwenden oder für den Winter trocken. Aus den jungen Blüten, die man zum Garnieren von jedweden Speisen nehmen kann, lässt sich auch ein dunkelroter Sirup herstellen. Als ich einen Fruchtaufstrich aus Quitte, Apfel, Mispel und Rosenblättern kochte, drängte sich die Monarde geradezu als Gewürz in meine Kreation und so entstand „Rosenrot und Goldmelisse". Die frischen Goldmelissen-Blüten gab ich kurz vor dem Abfüllen der fertigen Marmelade dazu um die Farbe und den Geschmack der Monardenblüten als dunkelrote Tupfer möglichst klar zu erhalten in dem sonst goldfarbenen Fruchtaufstrich. Neben der roten *Monarda didyma* gibt es viele Variationen in Wuchshöhe und Blütenfarbe so wie ihre nahe Verwandte, die Duftnessel oder Agastache, ebenfalls viele Geschmacks- und Farbrichtungen aufweist. Beide Pflanzen stammen ursprünglich aus Nordamerika und auch die Agastachen blühen von Juli bis September. Letztere duften auch schon mal in Richtung Minze oder können scharf schmeckende Blüten und Blätter haben. Frosthart und farbenfroh schmücken sie die Staudenbeete und bieten uns von Frühling bis Spätherbst eine reiche Blatt- und Blütenernte und sind eine ergiebige Insektenweide!

Muskatgarbe – Grünes Muskatkardamom
(Achillea decolorans) Asteraceae

Eine nahe Verwandte der Schafgarbe ist die nach Muskat und Kardamom duftende und schmeckende Muskatgarbe. Ihre frischen Blättchen sind ähnlich eigen und intensiv im Geschmack und zartschmelzend wie frischer Estragon, nur eben mit dem Aroma zwischen Muskat und Kardamom. So bleibt es nicht aus, dass wir mit den frischen Blättchen auch mal ein paar wärmende Herbstplätzchen backen, kombiniert mit frischen gehackten Walnüssen und gerösteten Brennnesselsamen. Ein kleines herbstliches Aroma und Kraftpaket, das sich mit leckeren Apfel-Maronen-Pfannkuchen ergänzen lässt, die ebenfalls mit der Muskatgarbe gewürzt werden. Zudem lassen sich die frischen Blätter sehr gut für den Winter trocknen.

Die europäisch mediterrane Staude lässt sich leicht im Garten ziehen und ziert mit ihren weißen Blütenkörbchen jedes Kräuter- und Blumenbeet für eine lange Zeit. Ihr dichter kompakter Wuchs dient als duftender Bodendecker und aus den kurzen Ablegern lassen sich leicht neue Pflänzchen ziehen. Die Blüten sind etwas größer als die der bekannten Schafgarbe und ebenso gut und lange als aromatische Schnittblume haltbar.

Poleiminze – Großmutter der modernen Minzen

Bevor im 17. Jahrhundert die Pfefferminze ihren Siegeszug antrat, wurden schon Minzepflanzen zu Heilzwecken benutzt. Es handelte sich bei der von den antiken Heilkundigen beschriebenen Pflanze um die Poleiminze. Obgleich ihr Aroma milder ist als das unserer heutigen Pfefferminze, galt sie schon als belebendes und aufmunterndes Mittel. Sie gehörte zu den Pflanzen, deren Anbau von Karl dem Großen für seine Landgüter befohlen wurde, und hatte bis in die Frühe Neuzeit einen festen Platz in jedem Klostergarten. Allerdings wusste man auch schon sehr früh, dass Schwangere diese Pflanze meiden sollten, denn man hatte festgestellt, dass sie die Gebärmutter übermäßig anregen konnte. Auch wirkt sie leicht giftig und kann bei Missbrauch die Leber schädigen. Deshalb wird sie heute nur noch für äußerliche Anwendungen empfohlen.

Pfefferkraut — Warmscharfer Geselle oder heimisches Wasabi

(Lepidium latifolium) Brassicaceae

Das Pfefferkraut, oder Ausdauernde Kresse, ist verwandt mit unserer Gartenkresse und kommt, wie das Löffelkraut und der Hirschhornwegerich, an den europäischen Küsten vor. Praktischerweise ist es aber mehrjährig und vermehrt sich selbst durch Ausläufer, selbst in unserer trockenen Hunsrücker Gartenerde. Sein balsamisch pfefferscharfer Geschmack, mit einer Nuance nach Kresse und Meerrettich auf süßlich warmer Grundlage und raschem Abklingen der Schärfe im Gaumen, hat mich sofort begeistert. Die großen, ledrig scheinenden, aber sehr zarten jungen Blätter lassen sich vielfältig in der Küche verwenden. Um stets zarte frische Blätter zu ernten, kann man das Pfefferkraut immer wieder gut beschneiden. Jedoch sollte es dazu mit reichlich Kompost versorgt werden und in nicht allzu magerem oder trockenem Boden wachsen. Am liebsten genieße ich die saftigen Blätter roh als Würze für Salate. Kleingehackt in Quark oder Frischkäse bietet das Pfefferkraut allein, ganz ohne den Zusatz anderer Kräuter, ein ungewohntes Geschmackserlebnis. Es lohnt sich, die großen Blätter um zartgewürzten Sushireis zu wickeln und den Gaumen von einem heimischem Wasabierlebnis schwärmen zu lassen.

Portulak — Saftiges Sommervergnügen

(Portulaca oleracea) Portulacaceae

Den Geschmack, die Konsistenz und die Inhaltsstoffe des fleißig nachwachsenden Portulak finde ich bemerkenswert, und über den Gaumen scheint er saftig, nussig, süßlich und salzig zugleich seine reichhaltigen Vitalstoffe zu offenbaren. Am liebsten verwende ich den Portulak frisch in Salaten oder nasche ihn direkt aus dem Beet, wenn ich jäte. Aber auch kurz gedünstet oder blanchiert mit Nüssen über andere frische Salate oder Gemüse gegeben ist er ein Genuss!

Der einjährige saftige Portulak, einfach direkt ins Beet gesät, wächst über Sommer sehr gut bei uns und vermehrt sich auch selbst, um noch im selben oder im Folgejahr an der gleichen Stelle im Garten oder Gewächshaus wieder aufzukeimen. Daneben lässt er sich auch gut in nährstoffreichen Substraten, also am besten in Komposterde, auf dem Balkon in Kästen oder Schalen ziehen und immer wieder ernten, da er sehr schnellwüchsig ist.

Thymian — Pflanzenpower gegen Bakterien

Die ätherischen Öle des Thymians wirken so stark keimhemmend, dass er zu Recht den Beinamen „Antibiotika der Armen" trug. Seit der Antike kennt man seine heilende Wirkung bei Bronchialerkrankungen. Er wirkt nicht nur schleimlösend und verflüssigend, sondern fördert auch die natürlichen Transportvorgänge an der Schleimhaut in den Atemwegen. Sein Aroma ist zwar intensiv, wird jedoch als angenehm empfunden. Er bringt Wärme und Entspannung in den Körper, aber besonders in die Atemwege. Er gehört damit auf jeden Fall ins „Erste-Hilfe-Set" für Erkältungskrankheiten.

Zitronenmelisse und Kretische Melisse

(Melissa officinalis)

Die Zitronenmelisse ist mir schon seit Kindertagen als typisches Teekraut bekannt und hat wahrscheinlich in jedem Kräutergarten ganz selbstverständlich einen angestammten Platz. Erwähnenswert ist dieses typische Garten- und Aromakraut aber immer wieder, denn kaum eine andere Pflanze ist so leicht und dankbar auf dem Balkon oder im Garten zu ziehen oder so fein und stark zugleich in ihrem Zitronenaroma.

Ihre frischen Blätter eignen sich hervorragend als Dessertdekoration oder als frische Sommerlimonade, wie auch getrocknet als Verfeinerung jedweden Tees. Sie ist so wuchsfreudig, dass man sie mehrmals im Jahr ganz herunterschneiden kann, um immer frische Blättchen und Blüten ernten zu können. Lässt man sie blühen und Samen entwickeln, so keimen im nächsten Jahr rund um die Mutterpflanze jede Menge kleine neue Zitronenmelissepflänzchen.

Eine schöne Alternative ist ihre nahe Verwandte, die Kretische Melisse (*Melissa officinalis altissima*), die jedoch behaarte Blätter trägt und ein herrliches Mandarinenaroma verströmt. Auch sie ist in unseren Breiten völlig frosthart und ebenso wie die Zitronenmelisse veredelt sie Tees, Süßspeisen oder Soßen.

Zum Kräutertrocknen lieber nur die Blättchen abzupfen und schnell trocknen, das bewahrt das Aroma besser, auch wenn aufgehängte Kräutersträuße dekorativ sind.

Borretsch – Balsam für die juckende Haut

Borretsch ist nicht nur gut für Gurken – das in seinen Samen enthaltene Öl ist insbesondere für ekzemgeplagte Haut eine Wohltat. Und das sowohl bei innerlicher Anwendung zur Nahrungsergänzung als auch in Cremezubereitungen. Obwohl Blätter und Blüten früher auch gerne zu Blutreinigungskuren genommen wurden und auch noch Bestandteil in vielen alten Teerezepturen sind, kann ihre Verwendung zu medizinischen Zwecken nicht mehr empfohlen werden. Der Borretsch enthält leberschädigende Inhaltsstoffe in unterschiedlicher Konzentration. Was uns nicht daran hindern sollte, ihm trotzdem einen Platz im Garten zu geben. Die Bienen freut es, dem Auge tun die strahlend blauen Blüten gut und die Gurken vertragen wohl ein paar Blättchen zur Würze.
Er erinnert uns außerdem daran, dass alle Dinge ihre zwei Seiten haben!

Borretschgewächse – zart-raue struppige Schönheiten

Die Austernpflanze (*Mertensia*), die Beinwellarten (*Symphytum*), die Borretschgewächse (*Borago*), die Lungenkräuter (*Pulmonaria*), die Natternköpfe (*Echium*), die Ochsenzungen (*Anchusa*) und die Vergissmeinnichtarten (*Myosotis*) gehören zu den sogenannten Raublattgewächsen oder *Boraginaceae* und wie immer kann man das Kulinarische mit dem Wirkkräftigen oder der Gestaltung im Garten verbinden. Die Blätter dieser Gewächse können roh oder gekocht verwendet werden, wobei die jungen Blätter zart und die älteren Blätter durchaus schon mal struppig und behaart sein können. Die prächtigen und kräftig gefärbten Blüten schmecken eher neutral, sind aber einfach eine herrliche Augenweide auf Salaten, als Dekoration für Süßspeisen, in den Blumen- und Kräuterbeeten im Garten und für allerlei nektarsammelnde Tiere.

Austernpflanze

(Mertensia maritima)

An der Atlantikküste wächst kriechend die blaugrau, türkis anmutende Austernpflanze, die zwar zu den Raublattgewächsen gehört, aber im Gegensatz zu ihren Familiengenossen unbehaart ist. Tatsächlich macht sie ihrem Namen Ehre und wartet im Gaumen mit leicht salzigem und champignonartigem Meeresgeschmack auf. Ihre Blätter und Blüten sind äußerst zartschmelzend und eine farbliche Bereicherung für jeden frischen Salat. Auch gekocht oder geschmort eine nicht alltägliche Zutat, von deren ungewohntem Geschmack man sich einfach einmal verführen lassen darf.

Als hübsche Gartennachbarin in vorderster Reihe zu dunklen oder gar rötlichen Gewächsen, als Steingartenpflanze, die über Mauern kriecht, bildet die Austernpflanze einen interessanten Kontrast. Ab und an mag sie eine Prise Meersalz, um sich nicht ganz so fremd im Inland zu fühlen, wo sie aber auch ganz gut die Winterfröste übersteht und sich über Samen selbst vermehrt.

Beinwell

(Symphytum officinale)

Über viele Jahre konnte ich den Beinwell beobachten und feststellen, dass diese Pflanze in meiner Nähe nicht allzu üppig wird – ähnlich wie es mir mit dem Liebstöckel geht, der sich einfach nicht richtig mit meinem Garten oder meiner Person anfreunden will. Trotzdem bleibt der Beinwell mir erhalten und sorgt am Fuße einer kranken Kirsche für Gesundung und gab einem Walnussbaum sichtbar neue Lebenskraft. An einem Bachufer im Hunsrück entdeckte ich weiße und tiefrot blühende Beinwellpflanzen in großen Mengen und nahm mir von beiden Sorten ein paar Samen mit, um sie in meinem Garten zu verteilen. Neben den lila blühenden Stauden, die ich als Grenze zum Nachbargrundstück pflanzte, bevölkern nun auch die weißen und roten Beinwellpflanzen meinen Garten und mittlerweile gibt es auch ein paar rosa-weißgestreifte Exemplare.

Die noch jungen kleinen und weichen Beinwellblätter geben wir zu unseren Wildkräutersalaten oder -suppen und auch zum Einwickeln von Frischkäse eignen sich die biegsamen behaarten Blätter mit ihrem frischen gurkigen Geschmack.

Borretsch

(Borago laxiflora) und *(Borago officinalis)*

Der mehrjährige Borretsch kommt wohl von den Mittelmeerinseln, ist aber auch bei uns einigermaßen frosthart, doch in sehr kalten Wintern muss er abgedeckt werden. Er sät sich selbst aus und kommt dann im nächsten Jahr wieder. Wie die Austernpflanze ist der mehrjährige Borretsch eher ein flaches, niedriges Gewächs, das man an Mauern überhängend wachsen lassen kann, das aber auch in Pflanzkübeln eine gute Figur macht mit seinen kleinen blauen Glöckchenblüten. Der intensiv gurkenartige Geschmack ähnelt dem einjährigen Borretsch, aber seine Blätter sind wesentlich rauer.

Der einjährige Borretsch wächst wahrscheinlich in jedem Garten und braucht normalerweise auch nicht nachgesät zu werden, da er einfach jedes Jahr munter keimt und sich verbreitet, so man ihn lässt. In meinem Garten tauchte nach vielen Jahren neben der bekannten blaublühenden Sorte plötzlich eine mit weißen Sternchen auf. Über diese Variation freute ich mich und die zahlreichen Insekten scheinen sich davon auch nicht aus ihrer Emsigkeit bringen zu lassen.

Die sternchenförmigen Blüten, ob nun blau oder weiß, kann man zart verzuckern, um sie als Dekoration für Torten oder Desserts verwenden zu können.

Wenn man einige Jahre mit bekannten Kräutern im Garten gelebt und experimentiert hat und vor allem mit den kulinarischen Möglichkeiten, weitet sich irgendwann das Feld in schier nicht enden wollende Dimensionen. So entdeckte ich für mich, meine Restaurantkunden, für den Garten und die Insekten den heimischen Natternkopf (*Echium vulgare*), der paradoxerweise übersehen wird, aber imposant blau bis rosa oder weiß blühend und mächtig an Straßengräben zu sehen ist. Man erkennt sofort die Verwandtschaft der Raublattgewächse, die man auch bei der Ochsenzunge (*Anchusa arvensis*) nicht übersehen kann, die mit kleinen dunkelblauen Blüten leuchtet und ebenso wie der Natternkopf von Insekten regelrecht bestürmt wird. Vor allem an letzterem schwirrt gerne das Taubenschwänzchen herum, das ich immer wieder versuche in seinem Kolibriartigen mit dem Fotoapparat zu erwischen.

Auch bei Natternkopf, Ochsenzunge, Vergissmeinnicht und Lungenkraut kann man die jungen zarten Blätter roh oder gekocht verwenden und natürlich die prächtigen Blüten.

Beinwell – gut für Beine und Zähne

Das Wissen um die heilende Wirkung des Beinwells reicht bis in die Antike zurück. Sein alter deutscher Name Wallwurz ist gleichzeitig Programm, denn „wallen" bedeutet „zusammen wachsen". Der bekannteste Verwendungszweck ist seine Nutzung bei Knochenbrüchen, wofür er auch heute noch in homöopathischen Mitteln Eingang findet. Es wurden sowohl die Blätter zu Wundauflagen verwendet, als auch Tinkturen aus der Wurzel zum innerlichen Gebrauch hergestellt. Wie man heute weiß, ist es das Allantoin, das sich entzündungshemmend und regenerierend auf Haut und Gewebe auswirkt. So erklärt sich auch seine Wirksamkeit bei Mundspülungen, wie sie bei lockeren Zähnen empfohlen wurden. Eine Zeit lang war der Beinwell wegen eines leberschädigenden Inhaltsstoffes außer Handel. Inzwischen ist Beinwellsalbe zur Behandlung von Prellungen, Zerrungen und stumpfen Verletzungen wieder in allen Apotheken, da es gelungen ist, Beinwell ohne Pyrrolizidinalkaloide zu züchten.

Kräuterküche
von Juli bis August

Bevor die mediterranen Kräuter blühen, haben sie besonders viel Aroma in den Blättern, aber auch später während der Blüte ernte ich täglich ein paar Handvoll, um sie auf meinem Dörrgerät zu trocknen. Die Blätter der Kräuter sollte man abzupfen und auf Tüchern oder Sieben an einem warmen Ort im Schatten trocknen.

Später eignen sich Teetüten gut zur Aufbewahrung. Gerade die stark würzigen mediterranen Kräuter, aber auch Estragon und Minzen eignen sich gut als Wintervorrat für das Würzregal.

Jetzt können wir uns noch einmal die volle Kraft des Sommers einverleiben und hocharomatische Gerichte kochen und braten, allen voran gebackene Rosmarin- oder Thymiankartoffeln. Dazu halbiere ich gewaschene und ungeschälte Kartoffeln, lege sie mit der Schnittstelle auf ein geöltes Backblech und streue Salz, Pfeffer und viel Rosmarin oder Thymian darüber. Mit einer Alufolie bedeckt bleiben die Kartoffeln solange im Ofen bis sie gar sind.

Rosmarin-Steinpilz-Suppe
von Iris Laib

10 g getrocknete Steinpilze
30 g würzige, getrocknete Pilze
   (falls nicht vorrätig nur getrocknete Steinpilze)
20 g getrocknete Tomaten
1 Bund Frühlingszwiebeln
2 EL Rosmarinnadeln
4 EL Olivenöl
600 ml Gemüsebrühe
1 EL Steinpilzpulver
2 EL Reismehl
200 ml Sahne
4 EL geschlagene Sahne
4–6 frische braune Champignons

Getrocknete Pilze und Tomaten in kleine Stücke schneiden und in heißem Wasser ca. 20 Minuten einweichen. Abgießen, dabei das Einweichwasser auffangen. Die Frühlingszwiebeln fein schneiden, die Rosmarinnadeln fein hacken und beides in Olivenöl andünsten.

Die vorbereiteten Pilze und Tomaten dazugeben und kurz mitdünsten. Gemüsebrühe und Einweichwasser angießen und ca. 20 Minuten ziehen lassen. Steinpilzpulver und Reismehl in wenig kaltem Wasser anrühren und unter Rühren zur Suppe geben.

Zum Schluss die Sahne dazugeben und die Suppe im Mixer fein pürieren. Mit Salz und Pfeffer abschmecken. Champignons in hauchdünne Scheiben schneiden.

Vor dem Servieren auf jeden Teller 1 EL geschlagene Sahne auf die Suppe setzen und Champignonblätter darüberstreuen.

Fronhofener Kräutersalat (Waldorfer Art)

1 Eigelb
1 EL Senf
200 ml Pflanzenöl
250 g Crème fraîche
½ Sellerieknolle
3 Äpfel
Salz, Pfeffer, Muskatnuss
1 Handvoll Walnüsse
je 1 Handvoll Muskatgarbe, Liebstöckel, Petersilie, Schnittlauch

Das Eigelb mit dem Senf verrühren und nach und nach das Öl unterrühren. Zum Schluss die Crème fraîche untermischen.

Den Sellerie raspeln, die Äpfel schälen und klein schneiden. Beides mit der Eimasse vermischen, würzen und abschmecken. Die Kräuter waschen, trocknen, klein schneiden oder mixen und untermischen. Zuletzt die möglichst von der Haut befreiten und leicht gerösteten Walnüsse vorsichtig unterheben und mit Kräuterblättchen und Walnüssen verzieren.

Petersilienwurzel-Cremesuppe
von Frank Aussem

für 6 Personen
400 g Petersilienwurzel
2 Schalotten
200 ml Öl zum Frittieren
50 g Butter
125 ml trockener Weißwein
750 ml Geflügelfond hell
125 ml Sahne
Salz
weißer Pfeffer aus der Mühle

Die Petersilienwurzeln und die Schalotten waschen und schälen. Eine Petersilienwurzel in dünne Scheiben hobeln und in heißem Fett zu Petersilienchips ausbacken, die anderen in Würfel schneiden. Die Schalotten ebenfalls würfeln.

Butter schmelzen und Petersilienwurzelwürfel und Schalotten darin andünsten. Mit Weißwein und Geflügelfond auffüllen, köcheln lassen, bis die Wurzel sehr weich sind, und anschließend pürieren. Dann durch ein feines Sieb streichen und die Sahne hinzugeben. Mit Salz und Pfeffer abschmecken.

Die passierte Suppe mit einem Zauberstab aufmixen und auf Suppentellern anrichten, Chips und Petersiliengrün als Garnitur dazugeben.

Gefüllte Basilikumtomaten

20 gleich große Tomaten, ca. 3 cm
1 Packung Hüttenkäse
1 Bündchen Basilikumblätter und/
oder rotes Basilikum
Salz, Pfeffer
etwas Saure Sahne
Basilikumblättchen und -blüten

Die Tomaten waschen, abtrocknen und am Stielansatz vorsichtig aushöhlen. Den Hüttenkäse mit der Sauren Sahne verrühren.
Die Basilikumblätter abzupfen, klein schneiden und in die Hüttenkäsemischung geben, mit Salz und Pfeffer abschmecken. Die Masse in die Tomaten füllen und mit Blattspitzen oder Blüten garnieren.

Wasserpfeffer-Salat von Kerstin Seifert

2 Blätter japanischer Wasserpfeffer
2 Stängel Anisagastache
1 Hokkaidokürbis
300 ml Orangensaft
2 Äpfel
100 g Brombeeren
200 g Tofu
2 EL Sesamöl
Salz, Prise Zucker

Kürbis schälen, in 1 cm große Würfel schneiden und im Orangensaft bissfest kochen. Wasserpfeffer klein schneiden und zugeben.
Äpfel vierteln, Kerngehäuse entfernen und in dünne Spalten schneiden. Brombeeren waschen und trocknen. Tofu in 1 cm große Würfel schneiden und in Sesamöl scharf anbraten, mit Salz würzen.
Kürbis abgießen und alle Zutaten mit der klein geschnittenen Anisagastache in einer Schüssel vermengen. Lauwarm servieren.

Rosmarinstangen von Ikaf Faber

ergibt 20 Stück
10 g Rosmarinnadeln
250 g Blätterteig
6 EL flüssige Butter
1 Eigelb
1 EL Wasser

Die Rosmarinnadeln klein schneiden. Den Blätterteig ausrollen. Die Butter auf den Teig streichen, die Rosmarinnadeln darauf verteilen und leicht andrücken. Das Eigelb mit dem Wasser verquirlen. Den Teig längs falten und rundherum mit Ei bestreichen. Mit einem scharfen Messer den Teig in 1 cm breite Streifen schneiden und die Enden der Streifen in entgegengesetzte Richtungen drehen. Auf einem gefetteten Backblech im vorgeheizten Ofen bei 220 °C ca. 10 Minuten knusprig und goldbraun backen.

Rindfleischröllchen

mit Ziegenfrischkäse und Pfefferkraut auf Tomaten-Carpaccio und Gurken-Oliven-Marinade
von Bernhard Tintemann

für 10 Personen

10 große Blätter Pfefferkraut

400 g Ziegenfrischkäse

50–75 ml Milch

Saft einer ½ Zitrone

2 EL Tafel-Meerrettich

600 g gekochter Rindertafelspitz in dünnen Scheiben (2–3mm)

75 ml Geflügelfond

½ TL Speisestärke

Saft von einer Limone

100 ml Olivenöl

¼ Salatgurke

je 10 schwarze und grüne Oliven

1 Bund Schnittlauch

Salz, Pfeffer

5 große Strauchtomaten

Garten- oder Daikonkresse zum Garnieren

Die Pfefferkraut-Blätter säubern und in feine Streifen schneiden, mit dem Messer kurz durchhacken. Den Ziegenfrischkäse und die Milch mit einem Kochlöffel glattrühren. Die gehackten Pfefferkraut-Blätter zugeben und mit Zitronensaft, Meerrettich, Salz und Pfeffer abschmecken. Die Frischkäsemasse in einen Spritzbeutel füllen. Die Rindfleisch-Scheiben auf die Arbeitsfläche legen und den Frischkäse auf das vordere Drittel spritzen (ca. 2 cm Durchmesser) und einrollen. Bis zur weiteren Verwendung kalt stellen.

Für die Olivenmarinade den Geflügelfond zusammen mit der Speisestärke aufkochen, dann den Limonensaft zugeben. Die Flüssigkeit auskühlen lassen und das Olivenöl mit einem Schneebesen tropfenweise einrühren (damit eine homogene Masse entsteht).
Die Gurke mit der Schale in feine Würfelchen schneiden, die Oliven und den Schnittlauch ebenfalls klein schneidern. Alles zu der Marinade zufügen und mit Salz und Pfeffer abschmecken. Zur Verfeinerung kann man noch ein wenig fein geschnittenes Pfefferkraut zufügen.

Zum Anrichten mit einem scharfen Messer die Tomaten in dünne Scheiben schneiden, die Teller damit flach auslegen und mit der Gurken-Oliven-Marinade bedecken. Jeweils zwei Tafelspitzröllchen darauflegen und mit der Kresse garnieren.

Mangoldquiche

250 g Mehl
130 g zimmerwarme Butter
90 ml Wasser
½ TL Salz
Mangoldstängel
3 Eier
200 g Saure Sahne
250 ml Gemüsebrühe
Pfeffer, Muskat
1 Bündchen Zitronenbasilikum

Aus Mehl, Butter, Wasser und Salz einen Quicheteig herstellen und kühl stellen. Die Mangoldstängel klein schneiden, blanchieren und abtropfen lassen. Eier, Saure Sahne und Gemüsebrühe miteinander verquirlen und mit Pfeffer und Muskat würzen. Zitronenbasilikum fein schneiden.
Den Quicheteig ausrollen und in eine Springform geben. Darauf den Mangold und das Basilikum verteilen. Dann die Eimasse darübergießen und die überstehenden Teigteile auf die Mangoldmasse klappen. Mit etwas Eimasse bestreichen und im vorgeheizten Backofen bei 150 °C ca. 1 Stunde backen, bis die Eimasse gestockt ist.

Thymianhähnchen

mit Zitronen

1 Hähnchen, ca. 1,2 kg
1 Handvoll Thymian
4 unbehandelte Zitronen
4 Knoblauchzehen
Salz, Pfeffer
4–5 EL Olivenöl
2 EL Honig

Das Hähnchen waschen und trocken tupfen. Einige Thymianblättchen abzupfen und unter die Hähnchenhaut schieben. Die Zitronen in Stücke schneiden und die Knoblauchzehen schälen. Das Hähnchen innen salzen, pfeffern und mit den Knoblauchzehen, dem Thymian, bis auf 4 Zweige, und der Hälfte der Zitronen füllen. Die restlichen Zitronen in eine feuerfeste Form geben und das Hähnchen darauflegen. Salzen, pfeffern und mit Olivenöl beträufeln. Den restlichen Thymian darauf verteilen und im vorgeheizten Ofen bei 180 °C ca. 1 Stunde braten. Zwischendurch ein wenig Wasser angießen und das Hähnchen während den letzten 10 Minuten mit Honig bepinseln.

Apfelminzküchlein

250 g fertigen Blätterteig
250 g Apfelkompott
3 Stängel Apfelminze
100 g Zucker
1 Handvoll Rosinen (je nach Geschmack)
1 Eigelb

Den Blätterteig etwas ausrollen und in 10 cm große Quadrate schneiden. Den Saft vom Apfelkompott abgießen. Die Apfelminzblätter waschen, trocknen und klein schneiden. Zum Kompott geben, mit Zucker abschmecken, Rosinen nach Geschmack hinzufügen.

Je einen EL auf ein Teigquadrat geben, die vier Ecken hochziehen und in der Mitte zusammendrehen. Mit Ei bestreichen und im vorgeheizten Backofen bei 150 °C ca. 25 Minuten backen. Nach dem Abkühlen mit einer Apfelminzenspitze garnieren.

Erdbeerminzeis

200 g Erdbeeren
100 g Zucker
Erdbeerminzblättchen
450 g Sahne
200 g Joghurt

Die gewaschenen Erdbeeren mit dem Zucker und den Minzblättchen in einem Mixer pürieren. Mit der Sahne und dem Joghurt in eine Eismaschine füllen und anschließend bis zur gewünschten Festigkeit ins Gefrierfach geben.

Beim Anrichten eine feine Rispe Erdbeerminze aufs Eis stecken.

Kalter Hund

mit Schokominze

5 Stängel Schokominze
24 Butterkekse
3 Eier
3 EL Zucker
3 EL dunkles Kakaopulver
250 g Kokosfett

Die Schokominze etwas anwalken und mit 3 EL Kakaopulver vermischen. In einem verschlossenen Glas 2–3 Tage ziehen lassen.

Die Schokominzstängel abschütteln. Das Kokosfett zusammen mit den Stängeln in einer Pfanne bei niedriger Temperatur schmelzen lassen. Die Eier mit dem Zucker cremig rühren, das Kakaopulver dazugeben und nach und nach das geschmolzene Kokosfett unterrühren. Abwechselnd eine Lage Kekse und eine Schicht Kakaomasse in eine mit Folie ausgelegte Kastenform schichten. Im Kühlschrank fest werden lassen.

Im Herbst können die Erdbeeren auch durch Himbeeren ersetzt werden.

Erdbeer-Käsesahnetorte

mit Erdbeerminze

1 Mürbteigboden
2 Biskuitböden
150 g Erdbeer- oder Aprikosenmarmelade
500 ml Sahne
500 g Quark
Cremepulver oder Gelatine
150 g Zucker
500 g Erdbeeren
1 Handvoll Erdbeerminzblätter
12 Erdbeerminzstängel

Den Mürbteigboden mit der Marmelade bestreichen und den ersten Biskuitboden auflegen. Einen Tortenring umlegen. Die Sahne steif schlagen. Die Erdbeeren, bis auf 12 zur Verzierung, mit der Erdbeerminze pürieren und das Cremepulver oder die Gelatine mit dem Zucker unterrühren. Nach und nach den Quark dazurühren und die Sahne unterheben.
Etwas Sahne zum Verzieren zurückbehalten, mit Sahnesteif verrühren.
Die Hälfte der Masse auf den Biskuitboden streichen, den zweiten Biskuitboden auflegen und die restliche Masse auf dem Boden glatt streichen. Mit der restlichen Sahne, den Erdbeeren und den Erdbeerminzstängeln verzieren. Einige Stunden kühl stellen.

Zitronenkuchen

4 Eier
200 g Zucker
1 Prise Salz
150 g Butter
100 g Crème fraîche
400 g Mehl
100 g Speisestärke
1 Päckchen Backpulver
je 1 Handvoll Giersch, Löwenzahn,
    Sauerampfer, Zitronenkatzenmin-
    ze und/oder Zitronenverbene
Saft und Zesten von 1 Zitrone
250 g Puderzucker
Saft von 1 Zitrone
kandierte Zitronenscheiben zur
    Verzierung

Eier, Zucker und Salz sehr schaumig rühren bis die Masse weiß ist. Butter bei sehr schwacher Hitze zerlassen und mit der Eimasse verrühren. Das mit Backpulver und Speisestärke vermischte Mehl sieben und zur Masse dazugeben. Zuletzt die gewaschenen und sehr fein geschnittenen Kräuter mit dem Zitronensaft und den Zesten untermischen. Im vorgeheizten Ofen bei 150 °C ca. 1 Stunde backen (Stäbchenprobe machen!).

Den Puderzucker mit Zitronensaft glatt rühren. Nach dem Erkalten auf den Kuchen streichen und mit kandierten Zitronenscheiben verzieren.

Limetten-Minz-Sorbet
von Michael Krause

für 8 Personen
10 unbehandelte Limetten
¼ l Wasser
300 g Zucker
ca. ½ Bund frische Minze
4 Eiweiß
1 Prise Salz

Von 2 Limetten die Schale dünn abreiben. Alle Limetten auspressen. Das Wasser mit dem Zucker aufkochen, bis sich der Zucker vollständig aufgelöst hat. Dann den Limettenabrieb dazugeben und kurz noch mal aufkochen. Abkühlen lassen.

Die Minzblätter waschen, fein hacken und unter den Limettensaft rühren. Die Mischung in eine Metallschüssel geben und für ca. 1 Stunde tiefkühlen.

Inzwischen das Eiweiß mit einer Prise Salz steif schlagen. Den Eischnee unter das leicht angefrorene Sorbet mischen und weiter gefrieren lassen. Zwischendurch immer wieder mit einem feinen Schneebesen durchrühren, damit sich keine Eiskristalle bilden.

Statt Minze kann man auch Ananassalbei nehmen.

Kokosmakronen

mit Orangenthymian

4 Eiweiß
200 g Zucker
1 Päckchen Vanillezucker
200 g Kokosraspel
1 Handvoll Orangenthymian
1 EL Orangenlikör
100 runde Oblaten (40 mm Durchmesser)

Eiweiß mit Zucker und Vanillezucker sehr steif schlagen. Orangenlikör dazugeben, die Kokosraspel und die klein geschnittenen Orangenthymianblättchen unterheben. Je ein Häufchen Makronenmasse auf eine Oblate setzen und bei ca. 90 °C ca. 1 Stunde eher trocknen als backen.

„Rosenrot und Goldmelisse"

ergibt ca. 14 Gläser à 200 g
je 1 kg Äpfel und Quitten
500 g Mispeln (erst nach dem Frost
    ernten!)
ca. 1 kg Gelierzucker 2:1
pro Glas 10 rote Monardenblüten

Die Früchte von Stiel und Blüte befreien, Äpfel zweimal durchschneiden, Quitten viermal.

Die Gehäuse nicht entfernen, da sie Pektin enthalten. Alles im Dampftopf mit etwas Wasser auf höchster Stufe aufkochen und abdampfen lassen. Dann die Fruchtmasse in ein Sieb geben und gut abtropfen lassen. Den Saft abmessen und mit Gelierzucker nach Packungsangabe mischen. Aufkochen und heiß in die vorbereiteten Gläser füllen. Nun in jedes Glas 10 Monardenblüten einrühren und den Deckel schließen.

Kirsch-Basilikum-Aufstrich

ergibt ca. 12 Gläser à 200 g
2 kg Kirschen
1 großen Strauß Basilikum
ca. 800 g Gelierzucker 2:1

In einem Dampftopf die gewaschenen, aber nicht entsteinten Kirschen und das Basilikum mit etwas Wasser aufkochen. Nach dem Abdampfen die Masse durch ein Sieb streichen. Den Saft abmessen und nach Packungsangabe mit Gelierzucker aufkochen. In vorbereitete Gläser füllen und verschrauben.

Holundersaft

mit Zitronenbergbohnenkraut

ergibt 3 l
1 kg Äpfel
1 kg Holunderbeeren
1 l Wasser
1 Handvoll Zitronenbergbohnen-
    kraut
200 g Zucker

Äpfel und Holunder mit 1 l Wasser und dem Zitronenbergbohnenkraut im Dampftopf aufkochen und abdampfen lassen. Dann in ein Sieb geben und lange abtropfen lassen. Den so gewonnenen Saft mit dem Zucker aufkochen und in vorbereitete Flaschen füllen, sofort mit Schraubdeckeln verschließen.

Chutney

vom Hokkaidokürbis mit säuerlichem Apfel und Muskatgarbe

ergibt ca. 6 Gläser à 250 g
1 Hokkaidokürbis
3 säuerliche Äpfel
Salz, Pfeffer, etwas Zucker
1 l Apfel- oder Cidreessig
1 Handvoll Muskatgarbe

Alle Zutaten bis auf die Muskatgarbe in einem Topf zum Kochen bringen und ca. ½ Stunde einköcheln lassen. Dann die klein geschnittene Muskatgarbe unterrühren und kurz mitkochen. Alles in Gläser füllen und verschließen.

Von **September** bis

Oktober im Kräuterjahr

„Exotisches und Vergessenes"

September bis Oktober – Kräuter

Immer noch finden sich alle Wildkräuter in Feld und Flur und Garten und wenn das Jahr feucht war, so wachsen jetzt noch mal Vogelmiere, Löwenzahne, Sauerampfer und Spitzwegerich wunderbar nach!

Ansonsten können wir im Garten oder auf dem Balkon ernten:

- Japanische Petersilie
- Japanischer Wasserpfeffer
- Shiso
- Wasabi
- Weinraute
- Ysop
- Schnittlauch, Schnittknoblauch und Winterheckenzwiebel

Die Zitronenverbene können wir bald in den Wintergarten stellen, damit sie nicht erfriert und an einem hellen Ort wächst sie vielleicht weiter ...

Exotisches und Vergessenes

Es gibt in meinem Leben drei entscheidende Faktoren, die mich intensiv mit Kräutern in Kontakt hielten, wie die Tatsache, dass meine Eltern auf dem Lande leben, ich als Teenie das Kräuterlexikon von Maurice Mességué verschlang und die Eltern einer Freundin ein Restaurant hatten, das schon damals mit Wildkräutern kochte. Doch mein Bruder, der die gleichen Eindrücke erhielt, ist Gamedesigner geworden und lebt in der Großstadt. Es ist also durchaus hilfreich, wenn man ohnehin schon ein Faible für irgendetwas hat. Und so entdecke ich immer wieder für mich neue und unbekannte Kräuter. Doch nur diejenigen bleiben in meinem Garten, die mir besonders schmecken oder sich besonders gut kultivieren lassen. Die neuesten Mitbewohner im Garten sind die japanischen oder asiatischen Kräuter, wie Wasabi, Tade, Mitsuba oder Shiso. Aber auch die südamerikanische Zitronenverbene, die immerhin im Gewächshaus überlebt, oder die verpönte aber für mich höchst liebgewonnene Weinraute, mit der ich im Grunde am kreativsten kochen kann. Und zu guter Letzt empfinde ich den Ysop als eine der spannensten Würz- und Gestaltungspflanzen überhaupt. Robust, geschmackvoll und äußerst bescheiden steht diese Pflanze über Jahre im Beet und blüht unermüdlich einen ganzen Sommer lang.

Kräuterporträts von September bis Oktober

Wasabi, Tade, Mitsuba und Shiso – japanische Würzkräuter

Auf meiner ewigen Suche nach rotblättrigen Speisepflanzen bin ich irgendwann auch auf Shiso gestoßen und kam über diesen Weg zu anderen wohlschmeckenden und leicht in unserem mitteleuropäischen Klima anzubauenden japanischen Würzpflanzen.

Shiso oder Perilla

(Perilla frutescens) Lamiaceae

Shiso wächst zwar nicht nur in wunderschönem Dunkelrot, sondern auch in Hellgrün und anderen Farben, aber ich bevorzuge natürlich die rote Sorte, die sich ja auch in den Beeten als interessanter Farbtupfer abhebt. Als einjährige Pflanze, die erst im Spätsommer blüht, lässt sie sich ganz leicht an Ort und Stelle aussäen und kommt in den folgenden Jahren auch wieder ganz von selbst, meist sogar an denselben Stellen, wieder.

Der Geschmack von Shiso wird als minzig beschrieben, aber ich finde, dass das Aroma eindeutig an Kreuzkümmel erinnert. Frische und eingelegte Blätter und Samen würzen japanische Gerichte wie Sushi und Tempura. Tempura nennt man die in heißem Öl schnell ausgebackenen Fleisch-, Fisch-, Pilz- und Gemüsesorten sowie Sprossen und junge Blätter in einem Teigmantel aus Weizenmehl, Ei und Eiswasser. Sushi kommt zwar ursprünglich nicht aus Japan und war eigentlich eine Methode, um Fisch zu konservieren, doch heute sind das bekannte japanische Sushi mundgerecht und nett zubereitete Häppchen aus erkaltetem und gesäuertem Reis mit verschiedenen Zutaten, wie rohem oder geräuchertem Fisch, Seetang, Gemüse, Ei oder Tofu.

Wir wickeln gewürzten Sushireis in die großen roten Shisoblätter und haben somit einen veganen Zungenbrecher kreiert, nämlich das Fronhofener Shiso-Sushi.

Die junge Firma „Natquid" kreiert aus meinen Kräutern würzige Speiseöle, was rotem und grünem Shiso ungewöhnliche Geschmacksnuancen entlockt. Auf Speisen genossen, wie zum Beipsiel Bratkartoffeln oder Nudeln, schmeckt Shiso plötzlich nach Marzipan oder Vanille-Banane!

Mitsuba oder Japanische Petersilie

(Cryptotaenia japonica) Apiaceae

Bei Mitsuba kommt mein Faible für rotblättrig und Doldengewächs wieder einmal auf seine vollen Kosten, auch wenn ich der sehr robusten Pflanze geschmacklich nicht viel abgewinnen kann. Dafür aber umso eher ihrer zierlichen Gestalt. Dieser kleine zarte Doldenblütler gedeiht wunderbar in unserem Klima, vermehrt sich selbst durch Aussaat, ist mehrjährig und natürlich in der Kräuterküche verwendbar. Seine Blätter sind entweder rot oder grün und werden samt Stängel unter anderem zum Würzen von Suppen oder Sushi benutzt. Wie schon bei Shiso nutzt man die Blätter auch zum Einrollen von Reis, Fisch oder Fleisch.

Tade oder Japanischer Wasserpfeffer

(Polygonum hydropiper fastigiatum) Polygonaceae

So nah verwandt mit unserem heimischen Wasserpfeffer, den man an feuchten lichten Waldstellen und Bachläufen findet, so fern liegt uns der Gebrauch dieses Knöterichgewächses. Seine frischen Blätter schmecken chili-scharf, doch vergeht diese Schärfe recht schnell wieder und hält sich leider nicht in gekochtem Zustand. Das heißt, roh verwendet ist der Wasserpfeffer eine interessante Variante zum Schärfen von Speisen. Und schließlich sind die lanzettenförmigen Blätter des japanischen Wasserpfeffers rötlich-grün und somit sehr dekorativ!

Die Pflanze ist einjährig und blüht im Spätsommer, sät sich selbst aus und keimt im nächsten Frühsommer wieder an Ort und Stelle. Am liebsten gedeiht sie natürlich an feuchten Stellen, am Bach oder an einem Teichrand, doch auch in normaler Gartenerde, und wird sehr üppig im Gewächshaus, wenn man sie schön feucht hält.

Wasabi

(Wasabia japonica) Brassicaceae

Wasabi ist meine neueste Errungenschaft und ich bin erstaunt, wie gut die Pflanze sich über Winter im Gewächshaus hält und immer wieder neue Blättchen treibt. In Japan wird die ganze Pflanze zur, mittlerweile auch bei uns bekannten, Wasabi-Paste verarbeitet – aber man kann auch lediglich die frischen, zarten, ja cremigen Blätter verwenden, die angenehm süßlich-scharf und balsamisch schmecken. Im Sommer fühlt sich Wasabi nicht so richtig wohl im trockenen Beet und die Schnecken reduzieren die Pflanzen erheblich. Wahrscheinlich sehnt sich die Meerrettich-Verwandte nach einem kühlen fließenden Gewässer im Hochgebirge. Immerhin lassen sich die Pflanzen gut teilen und vermehren und fangen im Herbst wieder mit regem Wachstum an.

Schnittlauch und Co. – Alliumgedichte

Schon im Februar und auch nach harten Wintern sprießt der Weinbergslauch (*Allium vineale*) unerschrocken als erster zarter Lauch aus unserem Hunsrückboden. Mit seinen bläulichen schnittlauchartigen Röhrchen unterscheidet er sich zunächst vom noch wintermüden Gras. Man findet diese unscheinbare wärmeliebende Lauchart in ganz Deutschland, vornehmlich in Weinbaugebieten oder Streuobstwiesen, so wie auch den etwas stärker wüchsigen und größer werdenden Ross- oder Kohllauch (*Allium oleraceum*). Beide Arten bilden, ähnlich wie Knoblauch, während der Blüte auch gleichzeitig kleine Brutzwiebeln aus, sodass man die kugeligen Blüten über der Wiese im August herausragen sieht.

Schon bald folgt der Bärlauch (*Allium ursinum*) während Schnittlauch (*Allium schoenoprasum*) und Knoblauch (*Allium sativum*) ebenfalls nicht mehr lange auf sich warten lassen. Aber auch der aus Asien stammende Schnittknoblauch (*Allium tuberosum*) ist frosthart und vermehrt sich prächtig in unseren Gefilden. Während man beim Knoblauch vornehmlich die im Boden wachsenden Knollen verzehrt, erntet man beim Schnittknoblauch die flachen, langen Blätter, die immer wieder kräftig nachwachsen. Letztere schmecken zwar nach Knoblauch, sind aber insgesamt milder und zwiebeliger.

Neben den verschiedenen einjährig gezogenen Küchenzwiebeln (*Allium cepa*), ob weiß, rot oder gelb, und der Schalotte (*Allium ascalonium*), deren Zwiebeln man im Herbst des ersten Jahres erntet, gibt es die Luftetagenzwiebel (*Allium cepa var. Viviparum*) und die Winterheckenzwiebel (*Allium fistulosum*), deren Laub man erntet und schließlich den Lauch oder Porree (*Allium ampeloprasum*, Synonym: *Allium porrum*), von dem man die ganze Pflanze verzehren kann.

Diese verschiedenen Lauchgewächse platziere ich im Garten zwischen all den anderen Kräutern, Blumen, Gemüsen und Bäumen als günstige Wuchsnachbarn. Ganz besonders pilzgefährdete Rosengewächse, also Rosen, Erdbeeren, Pimpinelle, Frauenmantel oder Obstbäume, profitieren von der Nachbarschaft.

Weinraute – verstecktes Kokosaroma

(Ruta graveolens) Rutaceae

Die zartdunkle Trüffelmasse einer selbstgemachten, butterweichen Weinrautenpraline führt mich direkt in die facettenreichen Aromen, die der Weinraute innewohnen. Denn mit Butter, Sahne und Schokolade kombiniert bergen auch die mohnähnlichen Samen ungeahnte kulinarische Möglichkeiten. Was die antiken Römer wohl zu einer solchen Schokoladen-Kreation gesagt hätten? Von ihnen lernte ich, mich überhaupt einmal mit der wenig beachteten Weinraute zu beschäftigen, und ich denke, es hätte ihnen genauso vorzüglich geschmeckt wie mir.

Schnittlauch – Jungbrunnen und Muntermacher

Der Schnittlauch gehört zu den Zwiebelgewächsen und enthält wie diese reichlich ätherische Öle sowie unter anderem das wertvolle Vitamin C. Er entfaltet jedoch nur frisch verzehrt seine wohltuenden Wirkungen und lässt sich nur schlecht aufbewahren. So fand er keinen Eingang in die Kräuterrezepturen. Da er aber zugleich im Frühjahr eines der ersten Kräuter im Garten ist, das geerntet werden kann, behauptete er seinen Ruf als Muntermacher und Blutreiniger nach dem langen Winter. Außerdem hinterlässt sein Geruch keinen nachhaltigen Eindruck, so kann hier beherzt zugegriffen werden, denn seine verjüngende Wirkung auf die Blutgefäße soll der der Zwiebel ähnlich sein.

Meine erste Begegnung mit der Weinraute war allerdings nicht so lieblich. Viele kleine Weinrautenpflanzen im Auto kutschierend, die meinen Grundstock im Garten bilden sollten, bohrten sich diese auf der Fahrt mit ihrem intensiven Duft in meine Magengrube. Etwas benommen schleppte ich die Kiste mit den blaugrau wippenden Blättchen durch den Garten an ihre diversen Plätze, in die sie gepflanzt werden sollten. Als ich schließlich fertig war und mich von den Pflanzen entfernte, blieb jedoch ein zarter Kokosduft in meiner Nase.

Wochen später beobachtete ich an meinen Rosen, wie schön die Weinraute sich als ihre Gesellin machte, und nahm einen Zweig mit in die Küche. Es erschien mir am sinnvollsten, die kleingehackten bitteren Weinrautenblättchen zunächst in Sahne auszuprobieren. Eine angenehme Überraschung wälzte sich auf meinem Gaumen hin und her, als eine einfache Pasta mit Weinrauten-Sahne-Sauce daraus entstanden war. Von nun an erzählte ich all meinen Kunden und Besuchern, wie fein die strenge Weinraute sich in Sahne, Butter oder Ölen verhält! Ein wunderbarer Kokosduft entfaltet sich aus der Ruta und nimmt den bitteren Geschmack! Und erst mit Kokosmilch daselbst kombiniert – ein Gedicht für alle Wokfans! Mit dieser wundervollen Erkenntnis wurde die Weinraute immer mutiger verwendet und ihr Geschmack wird wohl vom Gedächtnis immer freundlicher erinnert. Es ist, als ob man sich erst langsam an das unbekannte Aroma gewöhnen muss und nun kann ich mir viele leckere Gerichte mit der Weinraute vorstellen.

Kombiniert findet man sie bei unseren Vorfahren mit allerlei anderen Gewürzen, allen voran dem Pfeffer, den Apicius, ein antiker römischer Koch, meistens als erste Zutat erwähnt. Sie scheint sich den diversen Geschmacksrichtungen anzupassen, sie zu unterstützen, kann aber auch selbst die Dominante sein und die anderen Zutaten durchaus als Unterstützung gebrauchen. Mein Favorit bleibt jedenfalls die Kombination mit Sahne, gerne mit Kurkuma, gebratenem Ingwer oder gar mit Safran! Und um der römischen Kontrastliebe zu folgen, erweisen sich Kompositionen wie bitter-süß oder bitter-scharf mit Zimt, Ahornsirup oder Vanille und Chili als wahres Geschmackserlebnis.

Auf einer Winterreise in Andalusien sah ich in den Bergen ganze Hänge mit wilden Weinrauten bewachsen und freute mich über ihren üppigen Wuchs und den verströmenden Duft, der allerdings noch viel intensiver ist, als der der bei uns kultivierten Weinraute.

In englischen Kräuterbüchern begegnen wir immer wieder der Weinraute aber auf dem Kontinent und in der EU muss man vorsichtig damit umgehen und auch ich rate jedem zu einem selbstverantwortlichen Umgang mit Kräutern, die in Verruf geraten oder negativ von der Kommision E beurteilt worden sind. Kräuter sind aber ein Kulturgut und insofern sollten wir sie viel genauer betrachten. Jedenfalls gibt es aus obigen Gründen keine Weinrautenrezepte in diesem Buch.

Ysop – herb Klärender

(Hyssopus officinalis) Lamiaceae

Während ich die Einführung zu diesem Buch schreiben wollte, erinnerte ich mich an die häufigste Frage, die mir gestellt wurde, nämlich, wie man in seinem Leben eigentlich auf Kräuter kommt. Ziemlich bald machte sich der Ysop in meinen Gedanken breit. Um diese Idee lebendig zu unterstreichen und meinen Gaumen am Schreiben zu beteiligen, machte ich mir ein Brot mit unserem Quitte-Ysop-Brotaufstrich. Ein Kraut, das kulinarisch gerne vergessen wird, obwohl es sehr verlockend riecht, mit dem aber keiner so richtig etwas anfangen kann. Es scheint sich der Zuordnung zu einem ausgeprägten Geschmack oder Aroma einfach zu entziehen. Unscheinbar für unser heutiges Auge steht der Ysop einfach so im Kräuterbeet oder in den Blumenrabatten. Wenn er aber blüht, zieht er über seine vielen Besucher unseren Blick auf sich. Ob es Schmetterlinge, Bienen, Schwebfliegen oder Hummeln sind, um nur die bekanntesten zu nennen. Bei letzteren ist der wunderschöne Ysop mit seinen kräftig dunkelblauen, zart rosa oder weißen Blüten extrem beliebt und sicher nicht nur, weil er den ganzen Sommer über zu blühen vermag.

Entzieht man der Ysoppflanze jegliche Aufmerksamkeit, kümmert sie vor sich hin oder verschwindet ganz aus dem Garten. Dieses Phänomen ist aber nicht auf alle Pflanzen übertragbar und auch nicht auf jeden Gärtner oder Garten. Meine Liebstöckelpflanzen wollen nie so richtig, wo auch immer ich sie platziere oder wie sehr ich auch um ihre Pflege bemüht bin.

So wie man den Ysop kulinarisch nicht richtig einordnen kann, scheint er sich auch einer eindeutigen Heilaussage zu entziehen und gerade deshalb fällt er mir vielleicht ein, während ich mich oben gestellter Frage widme. Er wurde nämlich auch zur Reinigung von Altären, Häusern und auch geistigen Räumen und somit zur Klärung verwendet. Ich habe erst begonnen, diesem Kraut auf die Spur zu kommen, und wie die Eingangsfrage, so scheint sich auch der Ysop einer eindeutigen Betrachtung zu entziehen, und wirkt doch paradoxer Weise geradezu klärend und erhellend.

Immerhin macht der Ysop einen stärkenden, stabilisierenden Eindruck auf mich und im Garten kommt er mit vielen Bodenarten und Standorten zurecht. Der verholzende Halbstrauch kann jedes Jahr bis kurz über die letzten unteren grünen Blättchen geschnitten werden und treibt kräftig wieder aus, sodass man mit ihm auch wunderschöne Kräuterhecken kreie-

Weinraute – die Dosis macht das Gift

Die Weinraute zählt zu den Kräutern, die nicht nur eine lange Tradition in der Heilkunde aufweisen können, sondern deren jahrhundertelange Wertschätzung heute in ihr Gegenteil verkehrt wurde. Gründe dafür sind einmal Inhaltsstoffe, die auf der Haut zusammen mit Sonneneinstrahlung zu photoallergischen Reaktionen führen können. Außerdem enthält sie Alkaloide, die besonders für schwangere Frauen gefährlich werden können, da sie eine abtreibende Wirkung besitzen. Mit Paracelsus, dem berühmten Arzt aus dem 15. Jahrhundert, gilt auch hier, dass die Dosis das Gift macht, und so findet sich die Weinraute in den verdünnten homöopathischen Mischungen, die bei Rheuma, stumpfen Verletzungen, aber auch bei Augenerkrankungen eingesetzt werden.

ren kann. Auch als Rosennachbar bringt er Struktur, Farbe und Kraft ins Gestaltungsspiel.

So hat mich nun der aufrecht wachsende, klar strukturierte Ysop mit seinem strahlenden und über lange Zeit blühenden Blau in einen regelrechten Denkfluss gebracht und gerade scheint er mir zuzuflüstern, dass er als Staude im Eingangsbereich ein schönes Willkommen heißendes Bild abgeben könnte.

Mit dem Umgang und Verzehr von Kräutern, als lebendige Vermittler, können wir zum Beispiel der antiken römischen Küche nachempfinden und über den Gaumen spüren, was einst ein Römer oder die Menschen im Mittelalter geschmeckt haben könnten. Und kaum haben wir ein Gericht genossen, dessen Hauptgeschmacksträger etwa der Ysop war, so spüren wir die vermittelnden Kräfte dieses Krautes, das uns vielleicht beim Verdauen von Eiweiß unterstützt, was man aus den Hinweisen einschlägiger Literatur mutmaßen könnte.

Das Aroma des Ysops ist leicht fruchtig und herb würzig und passt durchaus auch zu süßen Speisen oder zum Verfeinern von Konfitüren, was wir mit Quitten und Sanddorn schon erfolgreich ausprobiert haben.

Die interessanten und entspannenden Aromen der Echten Katzenminze (*Nepeta cataria*) oder der Zitronenkatzenminze (*Nepeta cataria var. citriodora*) erfreuen nicht nur Katzen, sondern bereicherten vor allem die Kochkünste der Römer, die wir erst wieder entdecken müssen. Die beiden Arten passen sowohl zu herben Speisen als auch zu Süßem und verfeinern jede Teemischung mit ihrem leicht minzig-zitronigem oder auch kampferartigem Aroma.

Zitronenverbene – exotische Zitrone

(Aloysia citrodora, Synonyme: Aloysia triphylla, Lippia citriodora)
Verbenaceae

Ein paar Blättchen des Strauches genügen, um herbe oder süße Speisen mit ihrem einzigartig kräftigen Zitronenaroma zu verzaubern. Dabei verwende ich besonders gerne die frischen Blätter in meinen diversen Nudelgerichten, ob nun mit Sahne, Butter oder mit Tomatensoße als Grundlage. Junge Blätter kann man klein schneiden und verzehren, die älteren und vielleicht schon strohig gewordenen Blätter entferne ich nach dem Kochen wieder.

Die vielseitige Verbene wird üblicherweise getrocknet als Tee angeboten, aber wie bei allen Kräutern brühe ich einige Blättchen auch frisch auf, lasse sie den ganzen Tag in der Kanne und gieße nur frisches heißes Wasser dazu.

Gelees, Marmeladen und Chutneys lassen sich exquisit mit dem Aroma der Zitronenverbene zu ganz eigenen Kompositionen verfeinern, aber auch ein pures Verbenengelee hat seinen Reiz!

Wenn der Strauch im Herbst schließlich seine Blätter verliert, schneide ich mir die verholzten Stiele zu Quirlen, zum Umrühren von Soßen und Suppen, wie ich das übrigens auch mit den Ästen des Lorbeers mache.

Die Zitronenverbene, auch Zitronenduftstrauch genannt, gehört zu den Eisenkrautgewächsen und ist somit verwandt mit unserem heimischen Eisenkraut (*Verbena officinalis*), das bei unseren Vorfahren ein sehr beliebtes Heil- und Ritualkraut war. Doch stammt die Zitronenverbene ursprünglich aus Südamerika und ist in unserem mitteleuropäischen Klima leider nicht ganz frosthart. Im Kalt-Gewächshaus überwintert sie eingepflanzt und im Haus oder Keller kalt und frostfrei. Erst spät im Frühjahr sprießt die Verbene knapp über der Erde mit frischen Ansätzen, sodass man über den Sommer die recht schnell nachwachsenden Blätter reichlich ernten kann.

Die Zitronenverbene hält man am Besten in einem großen Kübel, den man im Sommer an einen sonnigen warmen Platz stellt und im Winter bei 5 bis 10 Grad, auch ruhig dunkel hält. Oder man kultiviert sie ganzjährig im Wintergarten oder Gewächshaus, wo sie durchaus 3 m hoch werden kann.

Kräuterküche
von September bis Oktober

Normalerweise nehme ich mir irgendein Gemüse zur Hand, suche geschmacklich dazu passende Kräuter und baue ein leckeres Gericht drum herum. Wenn ich basisch betont oder vegan kochen möchte, dann gibt's als Beilage Kartoffeln in verschiedenen Variationen. Arbeite ich hingegen viel körperlich im Garten oder trainiere mal wieder für einen Marathon, scheint mein Körper auch mehr Tofu, Fleisch oder Fisch zu wollen, also ergänze ich das Gemüse meiner Wahl damit.

Ganz besonders gerne koche ich mir im Spätsommer leckeren Bio-Sushi-Reis, würze mit Schnittknoblauch oder Wasabiblättern, deren Pflanzen man auch ganz leicht in Kübeln und auf dem Balkon ziehen kann, und wickele das ganze am liebsten in Shisoblätter. Das passt hervorragend zu einem bunt gemischten Salat. Um diese Jahreszeit gibt es noch viel Melde, Blut- und Schildampfer, die dem Löwenzahn und Spitzwegerich den nötigen Spätsommerpepp verleihen. Vorweg gibt es eine Hokkaido-Kürbis-Cremesuppe die ich entweder mit Ingwer oder auch mit Shisoblättern würze. Frisch geschnittene Blätter vom Japanischen Wasserpfeffer zum Schluss dazugegeben verfeinern mit ihrer knackigen Schärfe.

Olivenmuffins

1 Handvoll Olivenkraut, Fenchel
und Weinraute, 2 EL Sahne
für den Rührteig für 12 Muffins
180 g Mehl, 1 TL Backpulver
50 g Parmesan, 1 Prise Salz
3 Eier, ⅛ l Gemüsebrühe
100 g Butter, Oliven zum Verzieren

Am Vortag die Kräuter waschen, trocknen und klein schneiden. Mit der Sahne vermischt über Nacht ziehen lassen.

Aus den angegebenen Zutaten einen Rührteig rühren und die am Vortag eingelegten Kräuter mit der Sahne untermischen. In Muffinförmchen füllen und mit einer halben Olive verzieren. Dann im vorgeheizten Ofen bei 150 °C ca. 30 Minuten backen, Stäbchenprobe machen!

Spargel-Erdbeer-Salat

mit Hunsrücker Flammkäse von Bernhard Tintemann

½ Bund Schnittlauch
3 EL Himbeeressig
1–2 Prisen Salz, 1 TL Zucker
weißer Pfeffer aus der Mühle
5 EL Olivenöl
400 g weißer Spargel
300 g Erdbeeren
1 EL Zucker, ¼ Chilischote
2 EL Pinienkerne
20 Blätter Japanisches Pfefferkraut
10 Blätter Zitronenmelisse
1 TL rosa Pfefferbeeren
1 kg Hunsrücker Flammkäse (oder
Feta-Käse aus Kuhmilch)
5 EL Oliven-Zitronen-Öl
2 EL gehackte Kräuter (Rosmarin,
Thymian, Salbei, Kerbel, Zitronenmelisse, Schnittlauch)
10 kleine, ganze Erdbeeren als
Dekoration

Den Schnittlauch in feine Röllchen schneiden. In einer Schüssel Himbeeressig, Salz, Zucker, Pfeffer und Olivenöl mit dem Schnittlauch zu einer Sauce verrühren.

Den Spargel schälen und roh in schräge, dünne Scheibchen schneiden. Die Hälfte der Erdbeeren säubern und in Scheiben oder Spalten schneiden. Die andere Hälfte mit dem Zucker und der Chilischote fein pürieren, durch ein Sieb streichen und beiseite stellen. Die Pinienkerne in einer trockenen Pfanne ohne Fett leicht rösten. Japanisches Pfefferkraut und Zitronenmelisse in ganz feine Streifen schneiden. Den Spargel zusammen mit den geschnittenen Erdbeeren, den Pfefferbeeren und der Vinaigrette mischen und für ca. 1 Stunde im Kühlschrank durchziehen lassen.

Den Flammkäse in gleichmäßige Scheiben schneiden, mit dem Oliven-Zitronen-Öl und den Kräutern marinieren. Die Flammkäsescheiben in einer beschichteten Pfanne oder auf einem Grill von beiden Seiten anbraten.

Noch warm auf dem Spargel-Erdbeer-Salat anrichten. Mit zwei halbierten Erdbeeren, Zitronenmelisseblättern, Schnittlauchhalmen, gerösteten Pinienkernen und dem Erdbeer-Chilipüree dekorieren.

Tipp: Wenn der Spargel nicht ganz frisch ist, die geschälten Spargelstangen für 1 Minute blanchieren, um ihm die Bitterkeit zu nehmen.

Olivenkraut-Brötchen

500 g Hefeteig, einmal gegangen
1 Handvoll Olivenkraut

Olivenkraut waschen, trocknen, verlesen und abstreifen. Die kleinen schmalen Blättchen klein schneiden und mit dem Hefeteig verkneten. Den Teig in kleine Portionen teilen, in Förmchen füllen und nochmals gehen lassen. Im vorgeheizten Ofen bei 150 °C ca. 30 Minuten backen.

Sushi mit Shiso

250 g Sushireis
1 großer Bund Schnittknoblauch
1 EL Sojasauce
20 große Shisoblätter, 10 davon mit Stängel
Salz, Pfeffer

Den Reis kochen und abkühlen lassen. Die Kräuter waschen, trocknen, mit dem Schnittknoblauch fein schneiden und mit dem Reis vermischen. Mit Sojasauce, Salz und Pfeffer würzen. Die Reismasse zu Bällchen formen, in ein Shisoblatt ohne Stängel geben und ein Blatt mit Stängel herumwickeln. Den Stängel feststecken.

Fronhofener Kräuter-Linsen-Salat

500 g Linsen
2 l Wasser
1 Lorbeerblatt
3 Stängel Thymian
1 rote und 1 weiße Zwiebel
100 g Champignons
1 EL eingelegter grüner Pfeffer
Salz, Essig, Öl
je 1 Handvoll frischen Ysop, Lieb-
** stöckel, Petersilie, Schnittlauch**
1 kleine Dose Mandarinen
essbare Blüten zum Garnieren

Linsen nach Angabe einweichen und mit Lorbeer und Thymian nicht zu weich kochen. Das Wasser sollte eine Handbreit über den Linsen stehen. Das Wasser abgießen, die Linsen abkühlen lassen und Lorbeer und Thymian entfernen.

Zwiebeln klein schneiden. Die Pilze in Scheiben schneiden. Beides zusammen dünsten und abkühlen lassen. Die Kräuter klein schneiden. Alle Zutaten miteinander mischen, salzen und grünen Pfeffer, Essig und Öl dazugeben. Zuletzt die abgetropften Mandarinen vorsichtig unterheben. Den fertigen Salat mit essbaren Blüten garnieren.

Fronhofener Kräuter-Kartoffel-Salat

1 EL scharfer Senf
1 EL Essig, 2 EL Öl, Salz, Pfeffer
1 kg kleine fest kochende Kartoffeln
2 Zwiebeln
1 große Handvoll Kräuter: Bärlauch
** oder Rosslauch, Liebstöckel, Pe-**
** tersilie, Thymian, u.a.**
kleine eingelegte Gurken
200 g Crème fraîche oder Saure
** Sahne**
Kräuter, essbare Blüten zum Gar-
** nieren**

Senf, Essig, Öl, Salz und Pfeffer zu einer Marinade verrühren. Kartoffeln kochen, heiß pellen und in Scheiben schneiden, gleich mit der Marinade übergießen. Zwiebeln sehr fein schneiden und unterheben. Kräuter waschen, verlesen, abtrocknen und klein schneiden. Erst nach dem Erkalten zum Salat geben. Die Gurken klein schneiden und dazugeben. Zum Schluss die Crème fraîche unterrühren und eventuell nachwürzen. Mit Kräutern oder essbaren Blüten garnieren.

Sushi vom Räucheraal mit Wasabi-Pesto von Martin Bamberg

5 mittelgroße Kartoffeln
Salz, Pfeffer und Muskatnuss
1 Stück Räucheraal
1 Stange Lauch
1 kleiner Kopf Spitzkohl
Butter
2 EL gelöste Gemüsebrühe
100 g Wasabiblätter
100 ml Olivenöl
30 g Pinienkerne

Die Kartoffeln schälen und fein reiben. Dann die Flüssigkeit ausdrücken und die Masse mit Salz, Pfeffer und Muskat würzen. In kleine Rechtecke formen und in Öl goldgelb anbraten.

Die Rösti zum Abtropfen auf ein Küchenkrepp geben.

Den Aal filetieren und in Stücke schneiden, die auf die Rösti passen. Den Lauch in lange Streifen schneiden und ca. 20 Sekunden in kochendem Wasser blanchieren. Anschließend den Spitzkohl in feine Streifen schneiden und in einer Pfanne mit etwas Butter und Brühe andünsten.

Auf jeden Rösti einen kleinen Löffel Spitzkohl geben und darauf ein Stück Aal. Mit dem Lauch wie ein Paket zusammenbinden.

Für das Pesto die gewaschenen Wasabiblätter in einen Standmixer geben und etwas Olivenöl und die Pinienkerne hinzufügen. Alles zu einer Masse mixen und mit Salz und Pfeffer abschmecken. Vor dem Servieren über die Aalpäckchen träufeln

Zucchinibienenstich

3–4 längliche gelbe oder grüne
   Zucchini, ca. 3,5 cm Ø
Salz, Pfeffer, Muskatnuss
100 g Butter
200 g Zucker
1 Päckchen Vanillezucker
2 EL Milch
200 g Mandel-Nuss-Mischung
   (Walnüsse, Haselnüsse, Mandeln,
   Sesam, Sonnenblumenkerne, Pinienkerne und/oder Pistazien)

Die Zucchini waschen, abtrocknen und in ca. 7 mm dicke Scheiben schneiden. Mit Salz, Pfeffer und Muskat dünn bestreuen.

Butter zerlassen, Zucker einstreuen, unter ständigem Rühren auflösen und leicht bräunen. Die Mandel-Nuss-Mischung hacken und einrühren. Auf die Zucchinischeiben ein Häubchen aus der Masse drücken und im vorgeheizten Ofen 25 Minuten bei 150 °C backen.

Zander auf Mango-Shiso
von Martin Bamberg

4 Zanderstücke, je ca. 180 g
1 Mango
50 g Shisoblätter
1 Knoblauchzehe
4 fest kochende Kartoffeln
1 EL Kokosnuss-Essig
1 EL Sesamöl
Ras el-Hanout
Salz, Pfeffer

Die Mango in Würfel schneiden. Den Shiso in Streifen schneiden und zu der Mango geben. Den Knoblauch würfeln und in Sesamöl kurz anrösten, dann mit dem Kokosnuss-Essig ablöschen. Über die Mango geben und gut mischen. Mit Salz und Pfeffer abschmecken.

Die Kartoffeln schälen und kleine Kugeln ausstechen. In gesalzenem Wasser mit etwas Ras el-Hanout abkochen.

Den Zander mit Salz und Pfeffer würzen, auf der Hautseite mehlieren und in Sesamöl kross auf der Haut anbraten. Anschließend für ca. 5 Minuten im vorgeheizten Ofen bei 160 °C ruhen lassen. In der Zwischenzeit die Kartoffeln in etwas Butter und Ras el-Hanout anschwenken.

Den Mangosalat auf einem Teller anrichten, den Zander daraufsetzen und die Kartoffeln außen herum verteilen. Dazu passt süß-saure Sauce.

Maronen-Damwild-Törtchen

ergibt ca. 40 Törtchen

für die Mürbteigtörtchen
200 g Dinkelmehl
1 Prise Salz
1 Ei, 80 g Butter
1 EL Essig

für die Kräuterfleischfüllung
400 g Damwildhack
Salz, Pfeffer, Paprikapulver
¼ l Brühe, 1 Ei und/oder
200 g Sahne
3 Zwiebeln
2 Stängel Ysop, 5 Stängel Thymian, 3 Stängel Majoran, 2 Zweige
Rosmarin, Gundermann (nur ein
paar Blättchen)
1 kleine Stange Lauch

für das Maronenpüree
400 g geschälte Maronen
Salz, Pfeffer, Muskat
1 kleine Prise gemahlene Nelken
250 g Crème fraîche

Aus Mehl, Salz, Ei, Butter und Essig einen Mürbeteig kneten und kühl stellen. Die Kräuter waschen, trocken tupfen und klein hacken. Die Zwiebel ebenfalls hacken. Das Damwildhack mit Salz, Pfeffer und Paprikapulver würzen und mit den gehackten Kräutern, der Zwiebel, dem Ei bzw. der Flüssigkeit vermischen.

Die Maronen in etwas Wasser weich kochen, pürieren und mit Salz, Pfeffer, Muskat und gemahlenen Nelken würzen. Nur so viel Crème fraîche dazugeben, dass die Masse noch fest genug ist, aber mit einem Spritzbeutel verarbeitet werden kann.

Den Mürbeteig ausrollen, rund ausstechen und so in kleine Förmchen legen, dass der Rand des Teiges mit dem Förmchenrand abschließt. In die Mitte einen Löffel Fleischmischung geben und mit dem Maronenpüree einen Rand spritzen. Die Törtchen im vorgeheizten Backofen bei 150 °C ca. 30 Minuten backen.

Sorbet von Kirschen
von Martin Bamberg

200 g Kirschen
100 ml Kirschsaft
50 g Zucker
100 ml Pflaumenwein
2 Eiweiß
Japanischer Wasserpfeffer

Die Kirschen entsteinen, mit Pflaumenwein, Zucker und Kirschsaft aufkochen. Die Masse im Mixer pürieren, durch ein feines Sieb passieren und kalt stellen. In der Zwischenzeit die Eiweiß zu Schnee schlagen und unter die erkaltete Masse rühren. Den Wasserpfeffer hacken und dazugegeben. Alles für einige Stunden in die Tiefkühltruhe stellen und regelmäßig mit einer Gabel rühren.

Aroniabeerenküchlein

mit Sesamparfait von Emre Demiryüleyen

für das Sesamparfait
150 g Helva
Saft von 1 Mandarine
Schale von ½ Zitrone
80 ml flüssige Sahne
3 Eigelbe, 80 g Zucker
100 ml geschlagene Sahne

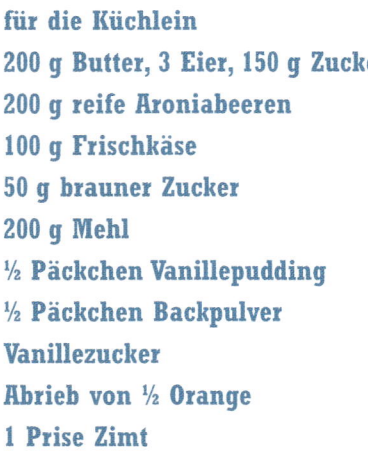

für die Küchlein
200 g Butter, 3 Eier, 150 g Zucker
200 g reife Aroniabeeren
100 g Frischkäse
50 g brauner Zucker
200 g Mehl
½ Päckchen Vanillepudding
½ Päckchen Backpulver
Vanillezucker
Abrieb von ½ Orange
1 Prise Zimt
Sesamsaat

Mandarinensaft, flüssige Sahne und Zitronenabrieb in einem Topf erwärmen und darin das Helva bei leichter Hitze unter Rühren auflösen.
Den Zucker mit den Eigelben über Wasserdampf aufschlagen, bis eine cremige weißliche Masse entsteht. Dann die Schüssel in ein eiskaltes Wasserbad stellen und weiterschlagen, bis die Masse kalt ist.
Die Sesammasse in die Eimasse einrühren und zuletzt die geschlagene Sahne unterheben. In eine Form füllen, mit Folie abdecken und im Tiefkühlfach frosten lassen, bis es schnittfest ist.
Die weiche Butter mit den Eiern und dem Zucker mit dem Mixer schaumig schlagen. Die Hälfte der Beeren mit dem Frischkäse und dem braunen Zucker pürieren. Mehl, Puddingpulver und Backpulver vermischen und abwechselnd mit dem Beerenpüree unter die Eimasse rühren. Vanillezucker, Orangenschale und Zimt ebenfalls untermischen.
Den glatt gerührten Teig in kleine Förmchen oder Papierförmchen verteilen und die restlichen Beeren in den Teig drücken. Ein paar Beeren zum Dekorieren aufheben. Im vorgeheizten Backofen bei 160 °C auf der mittleren Schiene ca. 20–25 Minuten backen.
Noch lauwarm zusammen mit dem Sesamparfait auf einem Teller anrichten und mit Aroniabeeren und der Sesamsaat dekoriert servieren.

Aus Aroniabeeren lässt sich auch ein leckerer Streuselkuchen backen.

Maronenkuchen

für den Boden
250 g Mehl, 1 TL Backpulver
150 g Butter, 1 Ei, 50 g Zucker

für den Belag
500 g geschälte Maronen
½ l Sahne, 75 g Zucker
50 g Speisestärke, 250 g Marzipan
2 EL Puderzucker, 250 g Kuvertüre
Schokoplätzchen zum Verzieren

Alle Zutaten für den Boden verkneten und in Folie kühl ruhen lassen. Dann in eine Springform drücken und etwas den Rand hochziehen. Bei 150 °C ca. 15 Minuten vorbacken. Die Maronen in etwas Wasser weich kochen, passieren und abkühlen lassen. Sahne steif schlagen und Zucker dazugeben. Dann das Maronenpüree und die Stärke unterrühren und auf den Mürbteigboden geben. Den Kuchen bei 150 °C ca. 1 Stunde backen, bis die Masse nicht mehr wackelt, Stäbchenprobe machen! Inzwischen das Marzipan auf Puderzucker dünn ausrollen, dabei mehrmals wenden. Über den erkalteten Maronenkuchen legen, andrücken und mit der geschmolzenen Kuvertüre und den Schokoplätzchen verzieren.

Käsesahnetorte

für den feinen Biskuitboden
5 Eier, 1 Prise Salz
200 g Zucker
200 g Mehl
2–3 Flüssigkeit (z.B. Milch, Wasser,
   Rosenwasser, Saft o. ä.)

für die Käsesahnefüllung
500 ml Sahne
500 ml Quark
100 g Zucker und Geliermittel
200 g Saft
1 Handvoll Japanischer
Wasserpfeffer

1 Mürbteigboden
100 g Marmelade

Die Eier trennen. Die Eiweiß mit etwas Zucker und einer Prise Salz steif schlagen. Die Eigelbe mit dem restlichen Zucker solange schlagen, bis die Masse hell ist. Etwas Flüssigkeit unterrühren, dann das Mehl hineinsieben und einrühren. Nun vorsichtig den Eischnee unterheben. Den Teig in eine gefettete Springform füllen und sofort im vorgeheizten Ofen bei 150 °C (Umluft eher weniger) ca. 25 Minuten backen. Danach kurz im Ofen stehen lassen, dann den Boden vom Rand lösen und auf ein Rost stürzen. Nach dem Erkalten in 2 bzw. 3 Schichten schneiden. Für die Füllung die Sahne steif schlagen. Saft und/oder einen Teil der Früchte mit dem japanischen Wasserpfeffer pürieren. Zucker und Geliermittel hineinrühren. Anschließend den Quark hinzufügen und die geschlagene Sahne unterheben. Etwas Sahne zum Verzieren in einen Spritzbeutel füllen. Einen Mürbteigboden auf eine Tortenplatte legen, mit Marmelade bestreichen und die erste Biskuitplatte aufdrücken. Einen Tortenring anlegen. Dann ⅓ bzw. ½ der Crememasse aufstreichen und die zweite Biskuitplatte aufsetzen. Bei drei Schichten die Hälfte der restlichen Creme aufstreichen und die dritte Biskuitplatte aufsetzen. Den Rest der Creme auf dem obersten Boden verstreichen. Mit Sahne und Früchten verzieren, kühl stellen und fest werden lassen.

Schwarze Walnüsse von Carina Köck

1 kg Grüne Walnüsse
Salzwasser
1 l Wasser
1 kg Zucker
Zitronenzesten von einer Zitrone
2 Zimtstangen
6 Nelken

Die grünen Walnüsse sollten vor dem 24. Juni geerntet werden und dürfen innen noch keine Nussschale gebildet haben. Die Nüsse rundum mit einer Nadel einstechen (Handschuhe anziehen, sonst sind die Hände schwarz) und 14 Tage in kaltes Wasser geben. Das Wasser zweimal täglich wechseln. Die Nüsse färben sich nach und nach dunkel. Am 15. Tag die Nüsse mit Salzwasser bedecken und weichkochen. Sollten die Nüsse noch nicht ganz schwarz sein, noch mal mit Salzwasser aufkochen.

Nun aus Zucker, Wasser, Zitronenzesten, Zimtstange und Nelken einen Zuckersirup kochen und die Nüsse damit übergießen. Nach zwei Tagen den Sirup durch ein Sieb abgießen, etwas einkochen und wieder über die Nüsse schütten. Diesen Vorgang alle zwei Tage wiederholen, insgesamt acht Tage lang. Am neunten Tag die Nüsse in diesem Sirup zwanzig Minuten kochen. Anschließend die Nüsse in Einmachgläser schichten und mit dem Sirup bedecken. Je länger die Nüsse aufbewahrt werden, desto besser wird der Geschmack. Am besten 6 Monate reifen lassen. Die verschlossenen Gläser sind jahrelang haltbar. Passt zu gekochtem Fleisch, zu Wild oder als Konfekt und zu Desserts.

Emre Demiryüleyen

Iris Laib (links) und Ikaf Faber (rechts)

Oliver Viehl (links) und Martin Bamberg (rechts)

Frank Aussem

Bernhard Tintemann

Kerstin Seifert (links) und Carina Köck (rechts)

Adressen

Auf Messers Schneide
www.aufmessersschneide.com
Ikaf Faber:
info@aufmessersschneide.com
Tel.: 06763-4207
Iris Laib: iris@irislaib.de/passion

Frank Aussem (Küchenchef)
frank.aussem@schloss-rheinfels.de
Andreas Schieferstein (Souschef)
Romantik Hotel Schloss Rheinfels
GmbH & Co. KG
Schloßberg 47, 56329 St. Goar
Tel.: 06741-802-0
www.schloss-rheinfels.de

Martin Bamberg
Restaurant „Zum Eichamt"
Rohrgasse 2
56856 Zell/Merl
Tel.: 06542-22475
zumeichamt@t-online.de
www.zum-eichamt.de

Emre Demiryüleyen
Restaurant „Cavallerie"
Bahnstr. 25
56841 Traben-Trarbach
Tel.: 06541-8158782
www.cavallerie.de

Katrin de Jong
Wildkräuterspezialitäten
Kirchgasse 19
99510 Kapellendorf
Tel.: 036425-20756
Katrin_de_Jong@web.de
www.kraeuterpesto.de

Carina Köck
carina_koeck@gmx.de
ehemals Relais & Chateaux
Weinromantikhotel Richtershof
GmbH

Michael Krause
Privat: mickikrause@web.de
Küchenchef der Brasserie
Schloss Paffendorf
Burggasse
50126 Bergheim
Tel.: 02271-75120090
www.schlosspaffendorf.de

Stefan Krebs
Märchenhotel
Älteste Weinstube GmbH
Kallenfelsstr. 25-27
54470 Bernkastel-Kues
Tel.: 06531-96550
www.maerchenhotel.com

Kerstin Seifert
Privat: kraeuterkueche@web.de
Relais & Chateaux Weinromantik-
hotel Richtershof GmbH
Hauptstrasse 81-83
54486 Mülheim/Mosel
Tel.: 06534-9480
www.weinromantikhotel.de

Martin Steiner
Küchenchef in Johann Lafers
Stromburg Le Val d'Or Restaurant
GmbH & Co. KG
55442 Stromberg

Bernhard Tintemann
Küchenchef vom Romantik-
Jugendstilhotel Bellevue
An der Mosel 11
56841 Traben-Trarbach
Tel.: 06541-7030
www.bellevue-hotel.de

Oliver Viehl
Küchenchef vom
Hotel „Schinderhannes"
Schloss-Straße 3
55487 Sohren
Tel.: 06543-2018
www.hotel-schinderhannes.de

Register

Rezepte

Beilagen

Nachtische

Aufstriche/Säfte

Sonstige

Zur Beachtung!

Die in diesem Buch aufgeführten Beschreibungen von Kräutern als Genuss und Heilpflanzen beruhen auf Tradition und Überlieferung und dienen lediglich zur Anregung sich näher mit den Pflanzen zu befassen. Sie verstehen sich nicht als Behandlungsanweisung oder als Rezept zur Behandlung von Krankheiten. Sie ersetzen daher weder einen Arztbesuch oder die Beratung durch eine/n Heilpraktiker/in.

Die Anwendung der in diesem Buch beschriebenen Kräuter erfolgt stets auf eigene Verantwortung und ist individuell unbedingt sorgfältig abzuwägen. Holen Sie daher auf jeden Fall kompetenten Rat eines Arztes, Apothekers oder Heilpraktikers ein, bevor Sie ein Kraut verwenden, insbesondere um Ihre individuellen Gegebenheiten abzuklären. Auch bei Naturheilmitteln treten Nebenwirkungen und/oder Wechselwirkungen, auch mit chemischen Medikamenten, auf, die in ihrer Wirkung verstärkt, abgeschwächt oder aufgehoben werden könnten! Informieren Sie sich vor Verwendung eines Krautes zu Genuss und Heilzwecken über mögliche Gegenanzeigen und Nebenwirkungen.

Die abgedruckten Informationen sind nach bestem Wissen und Gewissen und aus eigener Anschauung verfasst, dennoch übernehmen weder die Autorinnen noch der Verlag die Haftung für Schäden, welcher Art auch immer, die sich direkt oder indirekt aus dem Gebrauch der hier vorgestellten Kräuter zu kulinarischen oder therapeutischen Zwecken ergeben könnten.

Bildnachweis

Fotolia
U1 groß, S. 19, 22, 23, 25 alle, 140 oben re, 143, 144, 146, 148, 149, 152, 189 re

Christine Paxmann
U4 alle, S. 4 mitte unten, 5 unten, 7, 31, 32, 36, 38 oben li, 38 oben re, 39, 63, 65 alle, 69, 71, 75, 77, 79, 85, 87, 89, 90, 92 alle, 95, 115 li, 117 alle, 125, 127, 128, 133, 135, 138, 140 alle außer oben re, 151, 163, 164, 167, 171, 191 unten li, 193, 195, 197, 199, 201

Stockfood
U1 klein alle, Rücken, S. 8, 11, 67, 81, 83, 93, 119, 123, 131, 141, 161 oben re, 169, 173, 175, 176, 179, 181, 189 li

Alexander Taube
S. 10 oben re, 17 unten re, 112

Maja Twesten
S. 4 oben, 27, 73, 137, 161 alle außer oben re, 191 alle außer unten li, 202 oben re

Brigitte Werner
S. 38 unten re

Maiga Werner
S. 4 mitte oben, 4 unten, 5 alle außer unten, 10 alle außer oben re, 13, 15, 17 aller außer unten re, 21, 38 mitte li, 38 mitte re, 38 unten li, 41, 43, 45 alle, 47, 49 alle, 51 alle, 53 alle, 55, 57 alle, 59, 60, 61, 98, 101, 103 alle, 106, 107, 108, 110, 113, 115 re, 145 alle, 147, 154, 155 alle, 157, 159 alle, 178 alle, 183 alle, 185, 187, 202 alle außer oben re

ISBN 978-3-9813104-6-7

Gestaltung und Satz: Paxmann text • konzept • grafik, München

Alle Rezepte dieses Buches wurden mit Sorgfalt zusammengestellt und überprüft.
Eine Garantie kann jedoch nicht übernommen werden.

Printed in Italy 2011

Verlagswebsite: www.d-hverlag.de
Themenwebsite: www.aus-liebe-zum-landleben.de
Maiga Werner: www.naturkraeutergarten.de